JN233631

バイオリズムだから安全で確実！

女の子を産める本

バイオリズム診断士
中垣 勝裕

二見書房

はじめに

11年前（1992年2月）に出版された私の著作『赤ちゃんの産み分けを成功させる本』をたくさんの方に読んでいただき、これまでに多くの方を成功に導いてきました。

私の産み分け法は、医学的な処置をほとんど必要としません。薬も注射も使わず通院も不要で、「絶対に安全」なことが特徴です。少しの努力と工夫をするだけで、無理のない自然な方法のなかで実行できるのです。今までに指導した約3200人の方たちのうち80％の確率で成功しているという実績があります。

25年ほど前、「バイオリズムを利用して男女の産み分けに成功した」という私の体験談が、ある婦人雑誌に掲載されました。そのときの反響はたいへん高く、多くの方から問い合わせが殺到いたしました。当時は農家や会社・お店を経営している方たちから、男の子の跡継ぎが欲しいという要望が多く、60％の方は男の子を希望されました。ところが、ここ数年来女の子を希望する方が増えてきて、最近は全体の75％以上が女の子を希望されます。

この「バイオリズムによる男女児の産み分け法」は、出版以来新聞や雑誌などでたびたび紹介され、いかに多くの方が「男女の産み分け」に関心を持っているかということを痛切に感じました。

世の中には、さまざまな事情から、生まれてくる子供の性別を選べたら、と願うご夫婦がたくさんいます。まして最近は少子化社会となり、そのニーズはますます増えています。

お隣の中国では政府による「少子化政策」が推進され、私の本の中国語版も1996年に翻訳・出版されました。

私はバイオリズム診断士として、交通事故防止や健康・生活管理にバイオリズムを利用してきましたが、「どうしても女の子(男の子)を!」と望む方たちのお役に立てればという気持ちで、この本を改訂再出版することにいたしました。

本書は、約25年にわたる私の経験と実績(私の長男・長女、そして約3200におよぶ相談者)をベースにした『バイオリズムによる男女産み分け法』の集大成です。バイオリズムとは何かということから、産み分けの細かいノウハウまで、誰にでもわかるように解説しました。

また付録に「シール式特製バイオリズムカレンダー」を6カ月分つけました。産み分けの実践はもちろん、運転事故防止やふだんの生活でもいろいろ利用できますので、大いにご活用ください。

本書をよくお読みになり、幸福な家庭を築かれることを心から祈っております。そして、バイオリズムそのものへの関心を深めていただければ、なおさら幸いです。

最後になりましたが、二見書房専務取締役・多田勝利氏、フレックスタイムの横山泰氏にお世話になりましたこと、深くお礼申し上げます。

2003年　新春

中垣　勝裕

CONTENTS

CONTENTS

CONTENTS

構成●フレックスタイム
本文・デザイン●佐々木 恵里　早川 照美　生田目 奈々子
本文・イラスト●平岡 慶子
編集協力●青山 美佳
本文・MACオペレーション●(株)セイユーコミニケーションズ　アートプロ社

序章

男の子と女の子は産み分けられます

産み分けを望む人が急増しているのは、なぜ？

いまや子供はひとりかふたりの時代だから

『私たちはバイオリズムで男女児を産み分けた』

これは約25年前、『主婦の友』誌に掲載された私の男女産み分けに関する記事の見出しです。

当時（1970年代後半）、産み分けの研究をされていた学者やお医者さんが何人かいましたが、私の産み分け法は、その方たちと少しちがっていました。私が〃産み分けの可能性が高い〃と主張していた方法は、〃バイオリズムの活用〃によるものだったのです。

バイオリズムとは、人体に規則正しい周期でめぐってくる好調・不調の〃波〃のことです。この〃波〃を利用すれば男女の産み分けが可能になることを、私は研究をつづけているうちに知ったのです。薬は必要ありません。生まれつき誰にでも備わっている体のリズムを活用するだけです。しかも、女性のバイオリズムだけが対象になります。

雑誌には、産み分けに成功した私と妻の体験談と、実際にどうすれば産み分けができるのか、というノウハウが紹介されました。

そのころから、一般の方の男女産み分けへの関心は急速に進み、私のところにはたくさんの方から〃産み分けを実践したいが、どうしたらいいのか〃という問い合わせがつづいています。

それから25年、最近ふたたび、男女産み分け法が話題になっているようで、私はいくつかの出版社などから取材を受けています。「どうしてだろう？」と理由を考えていたところ、次のような国の調査が目にとまりました。

　厚生労働省が2002年9月に発表した人口動態統計によると、2001年の1年間に生まれた赤ちゃんの数は、約117万人。前年の119万人より約2万人減って史上最低を更新しました。また、ひとりの女性が生涯に平均して何人の子供を産むかを示す合計特殊出生率も、2000年の1・36から1・33に減少（ちなみに、海外の例では、アメリカは2・08、スウェーデンは1・5、イタリアは1・19、ドイツは1・36）〈1999年の統計による〉しています。どうやらこの出生率の低下も、男女産み分けへの関心の高まりに関係しているのではないかと思います。

どうしても男の子の跡取《あとと》りがほしい

　ある日、私のところに金沢市の近藤あき子さん（仮名）という方から電話がありました。

「10月に結婚するのですが、子供はひとりかふたりにしようと彼がいうのです。私もそのことには賛成しているのですが、彼は〝どうしても最初は男の子がほしい、もしダメだったらふたりめでもいいから〟というのです。実は、家業の商店（四代つづく焼き物の店）を継《つ》がせたいからなのです。バイオリズムで産み分けができるとうかがったのですが、本当でしょうか」

　近藤さんの場合は、子供の数にも理想があるようですが、それよりも〝性別〟のほうに切実な問題があるような気がしました。

　実際、全国から手紙や電話で問い合わせてこられる女性（なぜか、ご主人など男性からの直接の問い合わせはほとんどありません）のなかには、「跡取《あとと》りにするために男の子がほしいのです。これは義父と義母の願いでもあり、私はなんとしてもそれを実現させなければならないのです」という方も多いのです。〝そんなバカな！〟と思われるかもしれませんが、現実にはそうとう深刻なケースが少なくありません。

　広島市のYさん（30歳）の場合もそうでした。

「いま、女の子がふたりいますが、どうしても男の子がほしいのです。それでもうひとり産みたいのですが、また女の子だったらどうしようかと心配なのです。もう諦《あきら》めて、このままふたりの子供をしっかり育てていったほうがいいのかと、悩んでいるのですが……」

義父と義母は長男と長女、ご主人はひとりっ子、そしてご商売はバイク屋さん。どうしても男の子の跡継《あとつ》ぎがほしいというわけです。

私はさっそくYさんに産み分けの指導をすることにしました。まず、Yさんの6カ月間のバイオリズム・カレンダーと、産み分けを成功させるために必要な資料（『スリーステップ方式』の内容と実践方法。これについては、あとで詳しく説明します）をお送りしました。しばらくしてYさんから、

「先生、6カ月間のなかに排卵日とバイオリズムの可能日が一致する日が1度もありません」

という返事がありました。たしかに、排卵日とバイオリズムの産み分け可能日が一致する日は、年に何回もありません。平均して3～4回ぐらいなものです。こんなときは、もう一度つぎの6カ月分のバイオリズム・カレンダーをつくることになります。

その結果、Yさんは無事3400グラムの元気な男の子を出産しました。

「長いあいだ悩んでいたのが、ウソみたいです。ありがとうございました。家族みんなで喜んでいます」という手紙がYさんから届きました。最近の手紙にも、「男女両方の子供を授かることができて、安心と楽しみができました」とありました。いつの日か、オートバイに囲まれて店に立つ息子さんの姿を想像すると、私もうれしくなってきます。

最近は10人に7人が女の赤ちゃんを希望

厚生労働省が発表した2001年の日本の人口動態統計によると、出生数は117万662人です。これはなんと、27秒にひとりというスピードで、赤ちゃんが誕生していることになります（2001年10月31日現在の総人口は約1億2590万人）。

ところが、出生数は年々低下しています。戦

両親が「産み分け」で望む性別に変化！

1979年調査

女の子を希望 41.0%		
すでに男の子が	1人いる	6.0%
〃	2人いる	29.0%
〃	3人いる	6.0%

男の子を希望 59.0%		
すでに女の子が	1人いる	18.0%
〃	2人いる	36.0%
〃	3人いる	5.0%

2000年調査

女の子を希望 74.6%		
初めての子		10.2%
すでに男の子が	1人いる	19.3%
〃	2人いる	37.1%
〃	3人いる	5.0%
男の子と女の子が各1人いる		3.0%

男の子を希望 25.4%		
初めての子		1.5%
すでに女の子が	1人いる	6.5%
〃	2人いる	13.9%
〃	3人いる	3.0%
男の子と女の子が各1人いる		0.5%

後の〝ベビーブーム〟と呼ばれた1949年の出生数は約270万人でしたが、1973年には209万人に、そして1975年には200万人を割ってしまい、平成に入るとついに120万人台へ減少、1999年以降はずっと120万人を割り込んでいます。出生数の変化の要因として考えられるのは、

●子供を産む年齢の女子の人口が少なくなっている

●女性の平均初婚年齢が27・2歳(2001年)で、これは前年の27・0歳にくらべ0・2歳上がり、晩婚化がいっそう進行している。また、一生結婚しない女性の数も増加をしめし、これらも出生率の低下の要因のひとつになっている

●子育ての経済的精神的負担、就労との両立、住宅事情などによる女子の出生力の減少

●夫婦が望む子供の数が減少している

などですが、私としては〝年金額の実質的減少〟なども加えておきたいところです。

さて、子供の数が少なくなればなるほど、〝生まれてくる子供の性別が、自分たちの意思で決められたら〟と望む親も増えてきています。

実際、十数年前までは産み分けの理由のトップは〝跡取《あとと》りを考えて〟でしたが、最近では、〝ひとりあるいはふたりしか産まないから、産み分けをしたい〟というケースが増えているのです。

では、男女比についてはどうでしょうか。

私が、産み分けを希望する親たちを対象に調査した結果によると、1979年には男の子の希望は59パーセント、女の子の希望は41パーセントでした。

それが約20年後の2000年になると、男の子希望は25・4パーセント、女の子希望は74・6パーセントと、女の子を希望する親が増えています。

これほどまでに差が出てくるのは、なぜでしょう?

いずれにしても、両親に望まれて生まれてくる子供たちにはちがいありません。

バイオリズム活用の画期的な産み分け法

性別を決めるのは神様だけの特権⁉

『神が人を創造されたとき、神にかたどって造り、彼らを男と女とに創造された』

聖書の創世記第五章にある言葉です。

男はアダム、女はエバ（イブ）。はたしてふたりの出会いは、どのようなものだったのでしょうか。創世記をもう少しさかのぼって読んでみましょう。

『……神は東のかた、エデンにひとつの園を設けて、その造った人をそこに置かれた。

……また主なる神はいわれた「人がひとりでいるのはよくない。彼のために、ふさわしい助け手を造ろう」

……主なる神は人を深く眠らせ、眠ったときに、そのあばら骨のひとつを取って、そのところを肉でふさがれた。主なる神は人から取ったあばら骨でひとりの女を造り、人のところへ連れてこられた。そのとき、人はいった「これこそ、ついにわたしの骨の骨、わたしの肉の肉。男から取ったものだから、これを女と名づけよう」』

『聖書事典』（日本基督教団出版局発行）によると、〝アダムは人間の始祖、エバは人類最初の女性に与えられた名前で、彼女がすべて生きた者の母であったから、生命を意味するエバと名づけられたと考えられる〟とあります。

いっぽう、ギリシャ神話には、人類最初の女性の名は神々の王ゼウスが地上に下したパンドラだとあります。ゼウスはパンドラに人類のすべての悪を詰めた箱（パンドラの箱）をもたせますが、彼女はゼウスとの約束をやぶって箱を開けてしまいます。すると、諸悪が地上に広がり、箱の底には希望だけが残った――という有名な神話に出てくる女性、パンドラです。

そしてもうひとつ、アダムの最初の妻はリリスだという神秘的な話もあります。リリスはヘビ。イギリスの詩人ダンテ・ガブリエル・ロセッティは、神が寝ているアダムのあばら骨を取って女性（妻のエバ）を創造する前に、アダムにはリリスという妻がいた、というのです。

詩人は、リリスが人間の形をしたアダムの妻に復讐するために、エデンの園で禁断の木の実を食べさせたり、子供を身ごもらせたりしたと詠《よ》んでいます（晶文社『幻獣辞典』より）。

アダムとエバが、聖書でいうところの人類最初の男と女である――とするのに対して、〝人〟についてプラトンはこういいます。

「〝人〟は最初、両性固体で創造され、形は丸く、手足は4本ずつ、顔はふたつあった」

それがゼウスに背《そむ》いたために半分に引き裂《さ》かれてしまった、というのです。2本の手足に顔がついて……つまり、プラトンが説く男と女の始まりです。

聖書や神話などを読んでいなくても、アダムとエバが人類最初の男と女だったという話は、ご存知のことでしょう。ここで紹介した話をはじめ、人類の誕生について調べてみると、このようないくつかのロマンティックなストーリーと出会います。

偶然ではなく事前に性別を選べるようになりました

さて、話をもう少し現実的に、本書のテーマに近づけましょう。

男か女かは、いつどのようにして決まり、どうちがうのでしょうか。

男女の性別は、セックスにより受胎すると同時に決まってしまいます。しかし、その時点では、私たちにはまだどちらの〝性〟で受胎したのかはわかりません。

「男の子でも女の子でもいいから、元気な赤ちゃんが生まれればいいな」

という夫婦の会話が聞こえてきそうです。

正確にいえば、性別は、卵子が精子を受精したときの性染色体の組み合わせで決まります。あとの章でもたびたびふれますが、性別を決定する性染色体は男性の精子がもっています。

精子には、性別を女の子に決めるX染色体と性別を男の子に決めるY染色体があります。ところが、卵子の性染色体はすべてX染色体からつくられています。したがって、卵子が精子を受精したとき、X染色体とX染色体が結合したのか、あるいは、X染色体とY染色体が結合したのかによって、男女の性別が決まるのです。

さて、私が考案した男女産み分け『スリーステップ方式』は、男女の性別を偶然にまかせるのではなく、できれば受精する前に決めてしまおう、というものです。

「そんな夢のようなことができるんですか？」

と思われる方もいるでしょうが、80パーセントの確率で成功します。また、そのために薬を使ったり、大金を費やしたりすることもありません。

6カ月から1年ほど時間をください。そのあいだに、卵子が育つ環境のなかで、X染色体をもつ精子（またはY染色体をもつ精子）が活動しやすくなる時期をさがしたり、また、活動しやすい環境に変えたりするのです。

人体のメカニズムと密接に関係するバイオリズム

『スリーステップ方式』で生まれた最初の子供は、私の長男です。34年前のことになりますが、この年（1969年）は、日本のGNPがついに世界第2位になった年でもありました。また、産まない自由を主張するウーマンリブ〝中ピ連〟の活動が盛んになっていたのもこのころです。

ところで、長男の誕生は、バイオリズムによる産み分け法を公開する前のことでした。そして、当時私が熱中していたのは、〝男女産み分け〟そのものではありませんでした。

実は、神秘の世界――〝占い〟に興味をもっていたのですが、〝バイオリズム〟と出会ったのは、そんなときでした。

私に〝バイオリズム〟の存在を教えてくれた先生は、私が主宰している〝スズメの会〟の会員の方で、日本画を描き、占いもしていました。その方があるとき、〝神秘リズム〟の話をしたのです。先生は〝バイオリズム〟のことを〝神秘リズム〟と呼んで研究されていました。

グラフに描かれた3本の波線――これを見れば、その日の自分のコンディションが、好調か不調かわかるというのです。

「どうして、そんなことがわかるのだろう?」

それからというもの、私はとりつかれたようにバイオリズム関連の本を読みあさり、毎日の生活がバイオリズムから離れられないものとなっていきました。今日の自分のバイオリズムは不調を示しているから、運転にはとくに気をつけよう――などと活用しはじめたのです。

自分のバイオリズム表は、生年月日さえわかれば、誰にでもつくれます。

そうしているうちに、私がバイオリズムを研究していることを上司や同僚が知って、

「今夜マージャンするんだけど、ぼくのバイオリズムがどうなってるか、みてくれない?」

「社員のバイオリズム表をつくってほしい」

などといった依頼を受け、よく調べてあげたものです。

要するに、自分の体のコンディションが予測できるわけですから、バスやタクシーの運転手さんたちにとっては、交通事故の防止になります。

また、受験生が当日不調と出ていたら、風邪をひかないように注意するとか、とくに気をつけるようになるわけです。

私は以前、あるバス会社の依頼を受けて、250人の運転手さんのバイオリズムを調べて報告していたことがあります。

運転手さんひとりひとりのバイオリズムを、2カ月おきにチェックして報告していたのですが、

「中垣さんに運転手のバイオリズム表をつくっ

てもらってから、交通事故や遅刻などもろもろのトラブルが減って、とても役に立っています」などといわれて、結局、その後5年間つづけることになりました。

1982年、私は日本バイオリズム協会より正式に〝バイオリズム診断士〟の認定を受けることになりました。そして、現在、余暇を利用しながら、バイオリズム診断士として、〝男女産み分け〟〝交通事故防止の方法〟〝学習方法〟〝相性判断〟などの相談や講演をつづけています。

バイオリズムを産み分けに活用した『スリーステップ方式』

話はもどりますが、バイオリズム関係の本を読みあさったり、友人の相談にのったりしているうちに、ある日、〝女性のバイオリズムを応用すれば、男女の産み分けができる〟という、びっくりするような話を聞いたのです。

私が師事したのは、日本バイオリズム協会会長の白井勇治郎という方でした。この方は、私のあまりの熱中ぶりを見て、やがて、私を跡取《あとと》りにしたいとおっしゃったほどです。これには、妻もびっくりしてしまいました。

さきほども話しましたが、結局そのときからいままで約35年、サラリーマンとして勤めながら、日本バイオリズム協会の診断士をし、また、私自身の体験と研究(すでに述べたように、私のふたりの子供は産み分けに〝成功〟して生まれました)から、『スリーステップ方式』による男女産み分け法を確立し、その指導もしているというわけです。

ところで、『スリーステップ方式』では、〝産み分けを実行する日〟までにしなければならないことを、つぎの3段階に分けています。

《ステップ①》バイオリズムの活用
《ステップ②》食事の管理
《ステップ③》セックスの方法

なお、このあと何度も登場する〝産み分けを実行する日〟という言葉の表記については以後、〝産み分け実行日〟〝産み分けチャンス日〟〝セックスする日〟などで表わすことにします。

また、〝産み分け可能日〟というのは、〝身体リズムと感情リズムの組み合わせにより、私の理論上、男の子、または、女の子が産み分けできる時期〃のことをいいます。

そして、産み分けが可能な期間中に、一致する排卵日があった場合、排卵日当日は〃男の子の産み分け実行日〃になり、排卵日の2日前が〃女の子の産み分け実行日〃となります。このことを含め、『スリーステップ方式』の内容については、このあとの章で詳しく話しますが、段階を3つに分けたのは時間的な経過によるものです。

まず第1段階(《ステップ①》)は〃実行日の選定〃です。これには少なくとも6カ月を要します。この時期にすることは、女性の〃体〃のリズムである月経周期を知ることです。つまり、肝心の排卵日はいつなのかを正確につかむために、基礎体温をつけます。

この段階で男性側が直接することはとくにありませんが、朝、奥様が基礎体温を計るときは協力してあげてください。体温を計り終わるまで話しかけないとか、いっしょに目が覚めてしまった子供のめんどうをみるとか……。

つぎに、バイオリズム・カレンダー(バイオリズム表)をつくっておき、このカレンダーに排卵予想日を記入していきます。

最低6カ月間が必要というのは、バイオリズムから産み分けに適していると読み取れる期間と排卵予想日とが一致する日は意外に少ない(1年に平均3〜4回)からです。人によっては6カ月のあいだに一度もチャンスがなく、さらに6カ月分のバイオリズム・カレンダーをつくることもあるので、根気も大切です。

第2段階(《ステップ②》)は〃食事の管理〃です。これは短期間で、実行日10日前から始めます。〃産み分け実行日〃がいよいよ近づいてきたら、体のコンディションを整える必要があるのです。

そして、これには男性の協力も必要です。食べ物の好き嫌いがある方もいるかもしれませんが、わずかな期間です。それに、〃○○は絶対食べてはいけない〃〃○○だけを食べて、という厳しいルールを私はつくっていませんから、たぶん

バイオリズム、食事、セックスの3段階で産み分ける

乗りきれるでしょう。

第3段階（《ステップ③》）は、いよいよ本番、実行日の〝セックスの方法〟です。

「こんなことまで？」と思われるかもしれませんが、これは男女の性別を決めるのにとても重要なことなのです。

あとの章を読んでみると、まるで《ステップ③》だけでも産み分けができそうな感じを抱くかもしれません。

しかし私は、バイオリズムの効果（《ステップ①》）のほうを重要視しています。それは、私が産み分け指導を25年以上やってみて、第②、第③ステップは、あくまでも、成功率を高めるための補助と考えられるからです。

第1章

たくさんの人が産み分けに成功しています

高い成功率が実証された安全で簡単な産み分け法

コンピュータで計ったように、正確な産み分けに成功

私の2番めの子供が生まれたとき（長女・1973年）、世間では、〝バイオリズムを勉強するあまり、コンピュータで計ったように正確な産み分けに成功〟などと、少なからず話題になりました。なにしろ、最初の子供だけでなく、2番めの子供も産み分けに成功して、そのうえ、誕生日まで12月17日とおなじ日になってしまったのですから、無理もありません。

誕生日がおなじだったのは、2番めの子供を産むときの妻のバイオリズムの周期が、たまたま長男を産むときのバイオリズムの周期とおなじだったためで、それはほんとうに偶然なのです。私もそこまでは計算していませんでした。

そういうわけで、私は産み分けを2回試みて2回とも成功しています。

最初は男の子でした。1967年に結婚して、ちょうど1年がすぎたころです。実家の母が、「早く子供をつくりなさい。もし共働きをつづけたいなら、私がめんどうをみてあげるから」とよくいっていたのを思い出します。当時、私は26歳、妻は28歳でした。共働きをしつつ手に入れた家のローンの返済が終わるまでは、子供はつくらないと辛抱していたのです。

そんなときの母からの提案に、妻も私も「それならば！」とあっさり決めてしまいました。以前から、子供はふたりか3人はほしい、と思っていて、〝一姫二太郎〟が理想だったのです。

『スリーステップ方式』なら成功率80%！体も安全！

そのころ、私は体や行動の好・不調の日を示すバイオリズムに興味を抱いていました。そしていろいろ勉強しているうちに、バイオリズムを応用して男女の産み分けができるということを知ったのです。その確率は約3分の2強。

私自身は、当時バイオリズムの理論を約7割しか信じていませんでしたが、ともかく、最初は男の子に挑戦してみることにしたのです。もともと、男女の生まれる確率はそれぞれ2分の1ずつですし、もし失敗しても2度めでなんとか成功するだろうという気楽な気持ちでした。

それが、なんと2度とも成功したのです。

つまり、1969年に長男が、そしてその4年後には長女が生まれたのです。

計画どおり男の子が生まれたときは、「理論どおりやってよかったな」と……。そしてふたりめに女の子が生まれたときは、「あ、今度もまた、うまく成功した。これなら人にすすめてもいいかな」と思うようになりました。あとで説明しますが、この方法なら体にまったく危険な面がないこともわかっていましたから……。

私が考案した男女産み分け『スリーステップ方式』は、このような2度にわたる私の〝実験〟と〝成功〟から本格的にスタートしたのです。

25年間で産み分け成功率80パーセントの実績

さきほど私は、バイオリズムの理論を約7割しか信じていないといいました。それでは、本書のキャッチフレーズにある〝80パーセント〟の確率というのはどこから出た数字なのかと、不思議に思われることでしょう。

これまでの指導経験と私の体験から考えると、男女産み分けの成功率80パーセントを支える要因は、まずバイオリズムが70パーセント、それ以外に、セックスの方法が5～6パーセント、食事の管理が2～3パーセント、そして残りは、若干影響があると考えられる神頼みというような自己暗示や、女性の日光浴などです。

私が考案した『スリーステップ方式』は、大きく分けて右に記した最初の3つの方法を基本としています。すわなち、《ステップ①》はバイオリズムの活用、《ステップ②》は食事の管理、《ステップ③》はセックスの方法です。

私の経験を生かして考えたこの方法を、一般の方にも紹介し、指導をはじめてから約25年ほどになります。北海道から九州まで、全国からお便りをいただいていますが、そのほとんどが「産み分けに成功して、幸せな毎日を送っています」という内容です。

ところで、『スリーステップ方式』で産み分けを実行する場合、なにがいちばん喜ばれるかというと、薬の服用や注射などが必要なく、体に危険な面もまったくないということです。

つまり、胎児や母体に対して、無理がかかったり、悪影響（薬による副作用など）をおよぼすことがないのですから、安心して実行してみてください。

バイオリズムは生活全般に使えます

これまでに、みなさんもバイオリズムという言葉を一度は聞いたことがあると思います。

バイオリズムの3つのリズムは、それぞれ周期がある

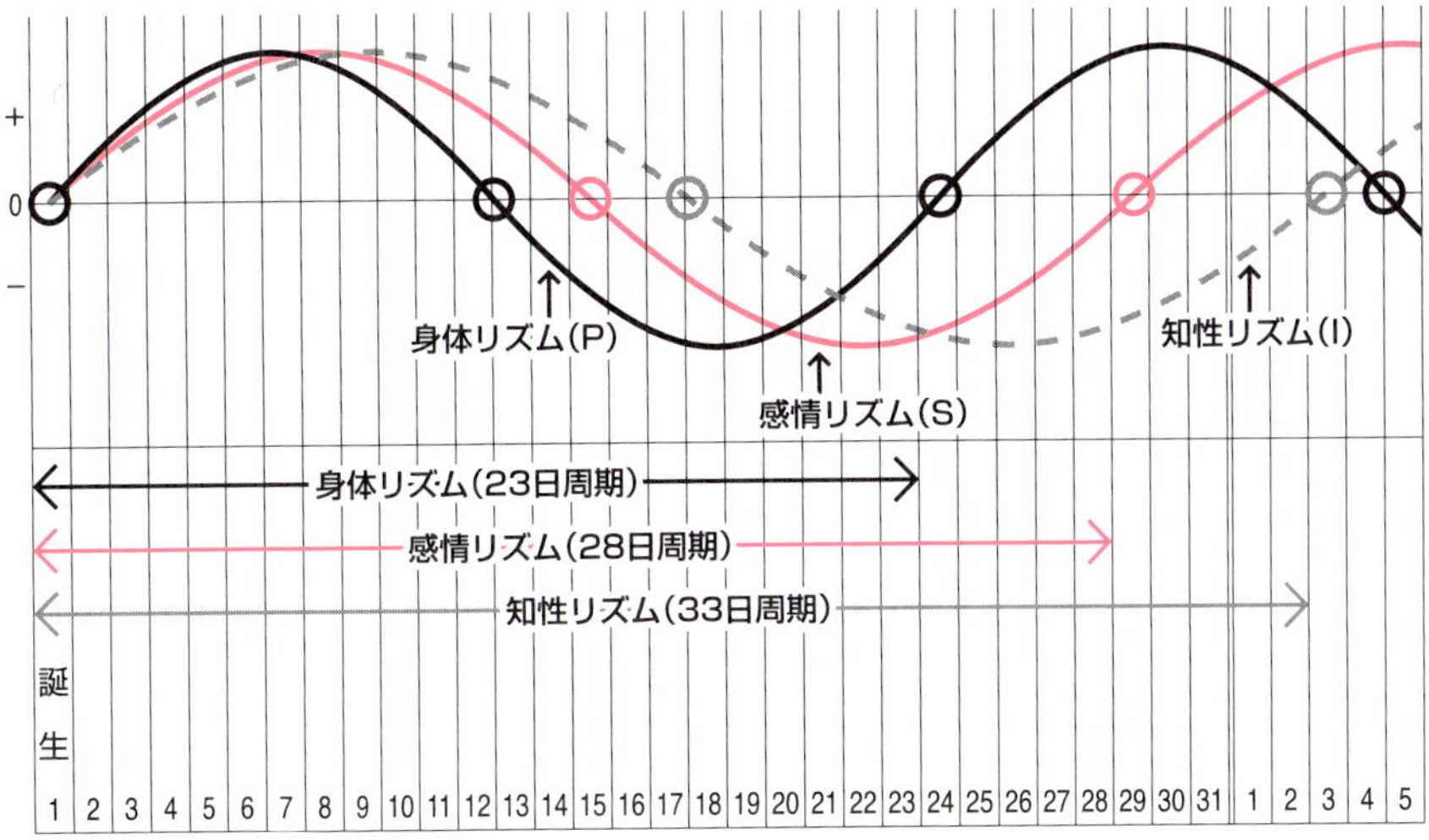

以前、大型トラックの後部に、〃バイオリズム採用〃などと記されたステッカーが貼られていたり、1回100円でバイオリズム診断ができる自動販売機が街なかによくあったものです。

これらは、バイオリズムが日常生活のなかでたいへん身近に感じられた例として、みなさんも思い出されるかもしれません。

「今日の私のバイオリズムは、要注意日だから運転にはとくに気をつけよう」とか、「ボーイフレンドとケンカしたのはバイオリズムのせい？」などという経験をおもちの方もいることでしょう。

このように、バイオリズムの有効な利用法は、産み分け以外にもたくさんあるのです。

〃産み分け〃成功のカギは〃実行日〃を決めるふたつのバイオリズム

さて、バイオリズムについては第2章で詳しく述べますが、ここでも少しだけお話しておきましょう。

〃バイオリズム（Biorhythm）〃は、生命を意味

する〝バイオス〟と、規則的なリズムを意味する〝リスモス〟というギリシャ語からできた言葉です。

人間をはじめすべての動物そして植物は、時間という昼夜のリズムや、春夏秋冬の四季のリズムなど、自然界のさまざまな規則的なリズムに対応して生きています。自然界にあるこのようなリズムが、実は人体にもいくつかあります。

脈拍、呼吸、体温（午前8時ごろから夕方までに体温の変化を示す日周リズム）、そして女性の生理（月経）などです。

バイオリズムには、身体リズム（Physical Rhythm以後、〝P〟で表わす）、感情リズム（Sensitivith Rhythm 以後、〝S〟で表わす）、知性リズム（Intellectual Rhythm 以後、〝I〟で表わす）の3つのリズムがあります。そしてこれら3つのリズムは規則正しい周期で繰り返されているのです。

私たちの心身のコンディションは、この3つのリズム周期がどう組み合わされるかによって決められています。そして、このリズムは生命の誕生とともにはじまるのです。

ですから、バイオリズムのリズム周期は生年月日から知ることができ、それが産み分けの実行日を決定するキーポイントにもなるのです。

とくに産み分けのために必要なリズムは、身体リズム（P）と感情リズム（S）のふたつなのですが、ここでは参考までに、知性リズム（I）もあわせて紹介しておきます。

3つのバイオリズムの周期はそれぞれ異なり、身体リズムは23日、感情リズムは28日、知性リズムは33日の周期で繰り返されます。そして、それぞれの周期には好調・不調の波があります。好調期はプラス期（活動期）、不調期はマイナス期（休息期）で表わされます。

では、〝産み分けのための〈可能日〉、〈実行日〉〟と、〝P〟と〝S〟の関係はどうなっているのでしょうか。まず、男の子を希望する場合の〝産み分け〈可能日〉〟は、身体リズムがプラス期で、感情リズムがマイナス期のときです。また、女の子を希望する場合の〝産み分け〈可能日〉〟は、逆に、身体リズムがマイナス期で、感情リズムがプラス期のときです。

身体リズムと感情リズムが“産み分け可能日”を決定！

そして、この時期に〈排卵日〉が重なった場合、〃男の子の産み分け〈実行日〉〃は排卵日の当日、〃女の子の産み分け〈実行日〉〃は排卵日の2日前となるのです。

膣内が酸性なら女の子、アルカリ性なら男の子の可能性

では、なぜ〃産み分け実行日〃にセックスをすると、子供の性別が決められるのでしょうか。それは後述の『スリーステップ方式』の項目でも説明しますが、簡単にいえば、つぎのような理由があるからです。

人間は、男も女も46個の染色体をもっています。それらは2個ずつの対になっているので、23対になりますが、実はこのうちの1対の染色体だけは、XとYという2種類があります。

これが性別を決定する性染色体です（そのほかの22個の染色体は常染色体と呼ばれ、体の特徴をつくりますが、性別を決める働きはありません）。

X染色体は女の子をつくり、Y染色体は男の子をつくります。

ところが、この2種類の性染色体が、卵子（母親側）と精子（父親側）の両方にあるのかというと、そうではないのです。

つまり、卵子にはX染色体のみが含まれ、精子のほうには、X染色体（女の子をつくる性染色体。以後〝X精子〟と呼ぶ）を含むものと、Y染色体（男の子をつくる性染色体。以後〝Y精子〟と呼ぶ）を含むものの2種類が存在するのです。

さて、男女の性別は、このXとYの性染色体のどちらをもつ精子が、卵子のX染色体と組み合わされるかで決まります。

つまりそれは、卵子と精子の結合（受精）のときですが、卵子がX精子と結合して〝XX〟になれば、女の子が生まれます。また、Y精子と結合して〝XY〟になれば、男の子が生まれるというわけです。

「そうか、男になるか女になるかは、精子（男）がにぎっているんだ！」

「ううん、結合するとき卵子（女）がどちらかの精子を選ぶのだから女の勝ち！」

こんな会話がどこからか聞こえてきそうですが、実は、性染色体がどう組み合わされるかということは、〝P〟と〝S〟の組み合わせ（リズムパターン）に大いに関係があるようなのです。

そこで女性の体の特徴について、知っておいてほしいことがあります。女性の膣のなかはふだん酸性を保っています。そして、とくに酸性度が高いときのバイオリズムは、身体リズムがマイナスで感情リズムがプラスのときです。

ところが、逆にバイオリズムの身体リズムがプラスで感情リズムがマイナスになると、膣内のPH（ペーハー＝酸性、アルカリ性を表示する単位）のアルカリ度が高くなってくるのです。

いっぽう、性別を女の子に決定するX精子は酸性に強く、性別を男の子に決定するY精子はアルカリ性に強いのです。ということは、膣内の酸性の度合が高くなっている時期（身体リズムがマイナスで感情リズムがプラス）にチャレンジすれば、女の子の生まれる可能性が高く、反対に、酸性よりアルカリ性の度合のほうが高くなっている時期（身体リズムがプラスで感情リズムがマイナス）にチャレンジすれば、男の子の生まれる可

バイオリズムの組み合わせが膣内の酸性・アルカリ性に関係

能性が高くなるわけです。

つまり、前述の卵子がどちらの精子を選ぶかは、〝産み分け実行日〟のバイオリズムがどういう状態にあるかによって大きく左右されるのです。

〝産み分けの確率70パーセントに関わるバイオリズム〟を活用する理由はここにあるのです。

私たちは女の子の産み分けに成功しました

最後の出産、ピンクの洋服の似合う女の子がほしくて

――寺島　幸子（仮名・当時、30歳）

「ピンクのお洋服を着て、ピアノの前にちょこんと座って……」

私に女の子が生まれたらいいな、と思ったのは、そんな夢もあったからです。趣味が洋裁ということもあって、

〈もし女の子が生まれたら、ピアノを習わせて、発表会のステージでは、私がつくったピンクの洋服を着せてあげたい〉とまで考えていました。

早いもので、産み分けに成功して生まれた娘は、もう11歳。当時、こんなふうに夢をふくらませていたことをいつか娘にも話してあげようと思っています。

ところで、こんな動機は私だけのわがまま、と思われるかもしれませんね。しかし、産み分けは夫の希望でもあったのです。

夫は4人兄弟のなかに育ち、我が家もまた、男の子ふたりという家族構成だったのです。ですから、私が、

「バイオリズムを活用すると、男女の産み分けができるらしいわよ。やってみない？」

と相談をもちかけたときには、

「バイオリズム？　それなら知ってるけど、それが産み分けに利用できるって……。それがもし、ほんとうなら、いいんじゃない」

という返事がかえってきたので、即実行することにしたのです。

まず、私は基礎体温の測定からはじめました。

産み分けの第1歩は、まず、目覚めの基礎体温から

いつも、体温計を枕もとに置いて寝ました。そして、目が覚めたとき、真っ先に体温計を口に入れるようにしたのです。目が覚めたばかりで、まだボーッとしていて半分眠っているような状態でしたが、〝目的のためのたった5分〟です。

毎朝やっていますと、それが〝くせ〟のようになって、寝ぼけていても、体温計はしっかり目盛りを記録してくれているのです。

朝いちばんの大切な仕事をすませると、さあ、今度は朝ごはんのしたくです！

いま思い出すと、私も毎日毎日、よくやったと思います（そのときはこれが最後の出産、と考えていましたので、せっかくのチャンスは逃せない、そんな思いもありました）。

そのつぎの〝努力〟は食事の管理でした。

なにしろ、私はベジタリアンとまではいきませんが、ともかく菜食党、そして、夫は反対にお刺身とかお肉が大好き。

女の子を希望する場合は、ふたりともまったく苦手なメニューを中心にとらなければならない

のです。それはわずか10日間のしんぼうでしたが、ふたりそろって好き嫌いがあったので、少しつらいものがありました。——夫にはよく、卵を使わない野菜のフライをつくってあげたものです。

そして、お医者様から妊娠していることを告げられた日に、

「ああ、もうすぐその日がやってくる!」

それは、私といっしょに約1年間、中垣先生の指導を守ってきた夫の第一声でした。

いっぽう、私のほうは、上のふたりを産んだときとおなじく、つわりが長く、妊娠から出産のときまでズルズルとつづいたので大変な思いをしました。

そして、無事に待望の女の子が誕生したのです。

8歳離れている長男は、妹をよくおんぶして遊んでいました。私がピンクの洋服を着せたいなと思っていたように、長男にとっても年が離れているせいか、妹はとても可愛かったようです。

私はいま、将来子供たちに、私たち夫婦が経験してきたことを、話してあげようと思っています。

そして子供たちが大人になって、自分の子供をもつようになったとき、もし、ふたりあるいは3人、おなじ性別の子供がつづいたら、中垣先生の〝バイオリズム産み分け法〟を試してごらんなさいといってあげようと思うのです(あっ、そうでした。上のふたりは男の子ですから、お嫁さんに相談しなければいけませんね)。

ちなみに、大学生になった長男に、

「こんな方法があって、男の子と女の子の産み分けができるのよ」

と話してみたら、息子は笑っていました。

知ってたのかしら……?

3人めに念願の女の子。これで老後も安心です

——原 喜和子(仮名・当時、31歳)

「産み分け実行日の前日、私は焼き肉をいっぱい食べたのです。望みどおり、女の子が生まれたのは、そのせいかもしれない!?」

実は、私はお肉が苦手。1カ月のうちお肉を食べた日が1度もない、ということさえあるんですから……。

それが、いよいよ実行日の前日、なんだか夢中でお肉を食べたのです。それも、〝おいしい〟と思いながら食べていたのですから、不思議です。

ひとつの目的に向かってがんばっているときって、思いがけないことができてしまうものですね。とくに、相手（夫）がいて、あちらも一生懸命なんだとわかっているような場合は、なおさらかもしれません。

私が女の子をほしいと思ったのは、実は仕事場での経験からきています。私は老人ホームで働いています。

老人ホームには、毎日たくさんの人が面会にやってきます。ところが、面会にくる方は圧倒的に女性が多いのです。娘さんだったり、親戚の方だったり、お友達だったり……。それにしても、女性ばかりで男性の姿はほとんど見かけません。

そういう光景をしばしば見ていて、私はふと、自分の将来のことを考えてしまいました。

私の家には男の子がふたり。ふたりともとても可愛いし、いうこともよく聞き、元気だとは思うのですが、何十年後、ふたりはいずれ……、と思いはじめたら、なんだかとても不安になってしまったのです。

自分勝手な考え方かもしれませんが、私がとくに産み分けに興味を抱いたのは、そのような理由があったからでした。

老後の心配。それはどなたにもあることと思いますが、私のように、毎日大勢のお年寄りの姿を見て生活している者にとっては、とても身近な問題だと思えました。

私はまだ30代なので、「もうそんなこと心配しているの、苦労性ね」という友達もいます。でも、〝備えあれば憂いなし（この場合ちょっとちがうかな?）、何もやらないよりやったほうがいい〟――そんな思いで、私は産み分けを実行してみることにしたのです。

さて、実際に産み分けを実行しようと決心はしたのですが、実のところ、私は基礎体温を毎日きっちりとは記録できませんでした。勤めに出ている私にとって、1年間、毎朝体温を計るのは、とても大変な作業だったのです。

ただ、私の場合、生理がつねに規則正しい周期でやってくるので、〃つぎはいつごろ〃という予想がつけやすかったのです。——いま思えば、ずいぶん危険なことをしたんだな、という気もしますが……。

それからしばらくして、「あっ、できたみたい」と自分で気がつき、すぐに病院に行きました。「やっぱり!」妊娠3カ月でした。

それから毎日毎日、〃どうか女の子が生まれますように〃と願いつづけていました。そのときは、もしも男の子だったらどうしようと考えるのではなく、〃女の子が生まれますように、生まれますように〃と考えるように努力していたのです。

私の体験から考えますと、こういう心理的な要素も、科学的ではありませんが、産み分けを成功させる要因として、少なからず関係しているような気がします。

ただ、妊娠に気づくまでは、「今度もまた男の子だったらどうしよう」と考えない日はありませんでしたから、気持ちのもち方をガラリと変えるのはちょっと大変でした。

出産経験のある方ならおわかりと思いますが、妊娠中の期待と不安には、複雑なものがあります。それも私のように、どうしても女の子がほしいという強い希望がある場合はとくに、迷われることと思います。

ですから、正直に打ち明けますと、妊娠4カ月後半から5カ月初めごろになると、胎児の性別を調べることができるという話を耳にしたとき、私も診てもらおうかと真剣に思ったものです。

いま考えると、そのようなことをしなくてほんとうによかったと思っています。というのも、もしそうしていたら、〃中絶〃を考える場合があったかもしれませんから……。

こんなふうに書きますと、私の産み分け体験談は、ちょっとつらそうな印象を与えるかもしれません。でも、そんなことはまったくありません。

なぜなら、私はいま、中垣先生のバイオリズム産み分け法を、もう一度実践したいと思っているからです。それは、女の子がもうひとりほしいからなのです。

ふだん、お肉とお魚がまったく苦手な妻と、お肉とお魚と卵が大好きな夫というふたりなのに、ちゃんと望みどおり女の子を授かったのです。私たちは、産み分け実行日のきっちり10日前から、それぞれ必要な食品を中心にメニューを考え、〝努力〟して食べていたのがよかったのかもしれません。

そして、前日の私の大焼き肉大会！　これこそ、神秘！　というのも、おととしの9月に長女が誕生してからもう1年以上もたつのに、お肉（牛肉や豚肉）をほとんど食べていないのですから……。

生理不順、偏食、それでも女の子の産み分けに成功

——斎藤　寿美子（仮名・当時、29歳）

ご近所に、男の子ばかり3人という家族がけっこうあります。そういう家族を見て、

「よかったわね、うちは。男の子と女の子がいるんですもの」

と、よく夫と話しています。

とはいっても、男女の産み分けができることを知ってから、私たちが実際に試みたのは、〝気持ちの整理〟がついてからのことでした。

つまり、中垣先生の指導による『スリーステップ方式』で、女の子の産み分けをしてみようと決心したのは、もしも、望みどおりの性別の子供が授からなかったとしても、〝しかたがない、後悔しない〟という気持ちにふたりがなれたときでした。

そのとき、我が家には、4歳と2歳になる男の子がふたりいたのです。それで、私も夫も女の子がほしい、ほしいといっていて、その思いは、かなり真剣なものでした。

ですから、そのような時期に産み分けを試みて、万が一失敗したら、〃きっとショックを受けるだろうし、また、そんな気持ちで子供を迎えたら、その子供にもすまないな〃と思ったので、じっくり考えてから実行することにしたのです。

そして、こんな真面目な私たち(!?)に、望みどおりの女の子が授かったのです。

ところで、私が産み分けを実践しようと決めてからいちばん心配だったのは、ふだんから、〃生理不順〃だったということです。そのうえ、〃産み分けをしよう〃と決めてから、そのことが気になり、精神的な理由からか、よけい不順になってしまったのです。

でも、中垣先生は、生理不順の方でも産み分けはできます、とおっしゃってくださいました。

それで私も、安心して実行することにしたのです。

次男の母乳の時期も終わり、時間的にも気分的にも少し余裕が出てきたころから1年間、毎朝基礎体温をつけつづけました。ところが、母乳は終わったとはいえ、子供はまだ小さいので、朝、目が覚めてからすぐに体温計を口にして、じっとしているのはなかなか大変でした。私が目が覚めると、なぜか子供も起きてしまうです。

そして数カ月がたってから、基礎体温表を見てみると、不順なりにも〃排卵日〃がいつごろなのか、予測がつくようになったのです。

これは、長期にわたってグラフをつけていたからだと思います。それまでは、生理の周期がバラバラなので、〃私は生理不順〃と勝手に決めつけていたのかもしれません(みなさんのなかにも、私のような方がいるかもしれませんが、ある程度長い期間にわたってグラフにしてみると、意外に、自分なりの周期というのがあるかもしれません)。

ですから、先生から6カ月分の私のバイオリズム・カレンダーが送られてきたときは、自信をもって、〃排卵予定日〃を記入することができました。

そのときの、ドキドキした気持ちは、いまでも忘れられません。夫と、

「バイオリズムからわかる産み分け可能日と、排卵予定日が一致する日はいつ、いつ?」

生理不順なら、基礎体温を長期で計ってみるのがコツ

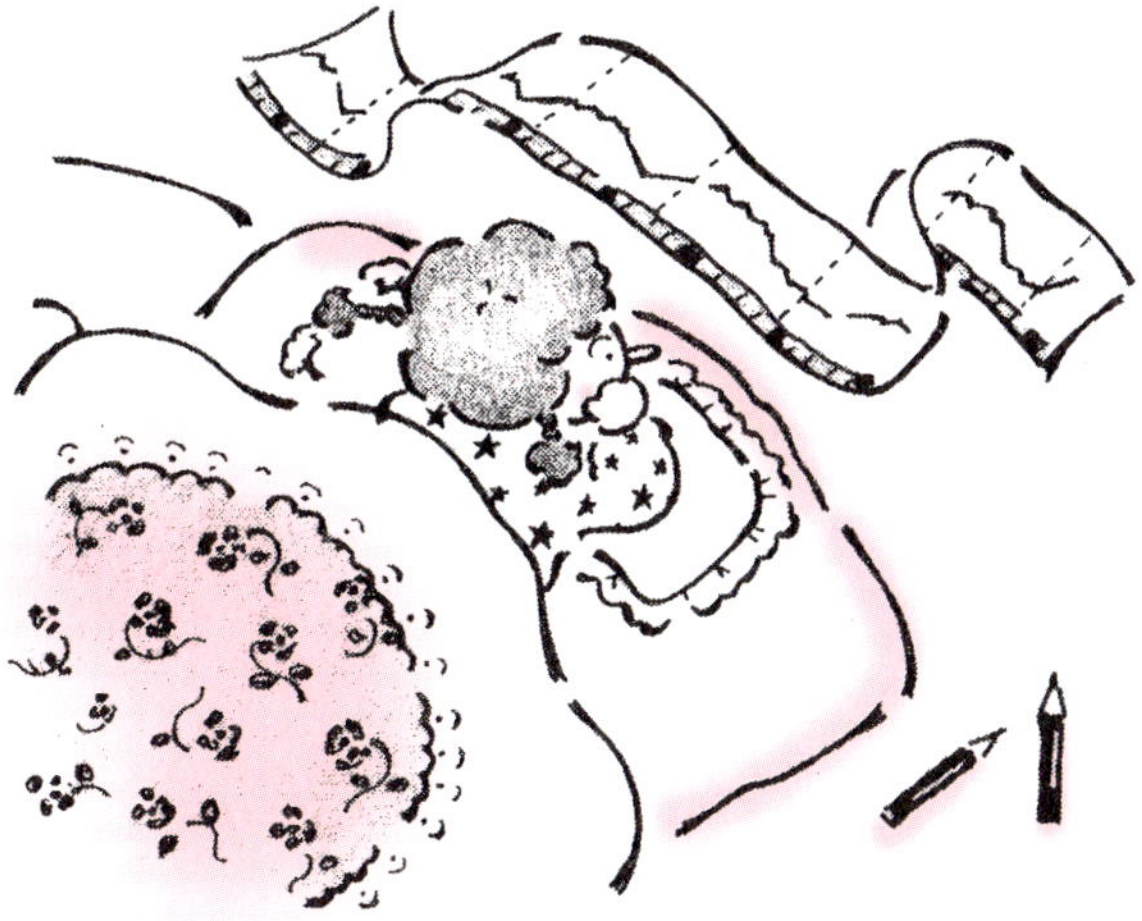

といいながら、真剣に書き込んでいったものです。

そして、たしかに重なる日がありましたから、その日をめざして、今度は食事の管理とセックスのコントロールに気をつけはじめました。

女の子を希望する場合、女性のほうは酸性食品を中心にとらなければなりませんので、これが私にとっては少し大変なことでした。

なにしろ、私はお魚類は大好きなのですが、お肉はあんまり食べないほうなので……。でも〝努力〟はしました。毎日少しずつ、お肉の入ったメニューを食べるようにしていたのです。

いっぽう、お肉党の夫は、私と反対に、アルカリ性食品を中心にとらなければならないので、お肉やお魚を思い切り食べられず、少しつらそうでした。

さて、このように私たちの産み分け期間中は、〝いくつかのガマンと心配〟があったのですが、結果として、望みどおりの女の子を授かることができたので、それらの苦労もいまではよい思い出として残っています。そして、

「不安な材料がそろっているのに、産み分けをして、もしも失敗したら、悔やまれるからやめよう」

などと、夫も私も口にしなかったことが、ほんとうによかったと思っています。

また、中垣先生の『スリーステップ方式』が100パーセントの確率でなかったとしても、何もしないよりも、できるだけ努力するほうを選んでよかったと思います。

前にもお話しましたが、第1子、第2子とも男の子なので、つぎも男の子だったらどうしよう、と切実に悩んだ時期もありました。

そんなとき、新聞や雑誌で〝産み分け〟のことを知ったのです。私が中垣先生の方式に注目したのは、ほかのどんな方法よりも〝産み分けの確率が高い〟ような感じを受けたからです。

実際に成功したことを思いますと、ほんとうに先生への感謝の気持ちでいっぱいです。

基礎体温の記録をベースに産み分けに成功

――田島　富貴子（仮名・当時、30歳）

「子供は3人ほしいね！」

これは結婚してから、私と夫が考えていた子供の数です。

そういっているうちにできた私たちのはじめての子供は男の子でした。長男が元気に育って、2歳になったころ、私たちはふたりめの子供の性別について考えていました。

「ふたりめは女の子だといいな」

と、なんとなく期待していたのですが、妊娠中の超音波診断で、男の子だということがわかりました。もちろん元気に生まれてくれれば、男の子でも女の子でもよかったのですが……。

おなかのなかでは、〝次男〟がすくすくと成長をつづけています。私の体調も絶好調で、毎日、長男を連れてお買い物や散歩をして、あとは生まれてくる日を待つばかり……。

私が、〝男女産み分け〟を指導していらっしゃる先生を知ったのは、そんなときでした。ある日、スーパーの隣にある本屋さんに立ち寄ったときのことです。

子供ははじめてではないけれど、〝子育て〟についてなにかいいお話を載せている本はないかな、と雑誌をめくっていたら、〝男女産み分け法〟という文字が目にとびこんでいたのです。

「えっ？」

そのときは、おなかのなかに〝次男〟がいましたから、心のなかで、

「ちょっと遅かった！」

と、正直いって思いました。

そして、次男が1歳と6カ月ぐらいになったときです。

「3人めがほしいね。それも、女の子だといいんだけど」

夫のこの言葉に、待ってましたとばかり、〝産み分け〟の話をしてみたのです。

「体に無理をすることもないし、とにかく安全な方法があるの。なんでも、女性の〝バイオリズム〟というのが関係あるみたいよ」

夫は反対はしませんでした。

どうやら夫は、〝バイオリズム〟という言葉を知っていたようなのです。

子供は3人ほしい。それも、3人めは長男が小学校に入学する前に産んでおく、というのが私たち夫婦の目標でした。ですから、即実行ということになりました。

幸い、私は基礎体温をつけるのが日課のようになっていましたから（子供は3人という目標があったせいでしょうか）、排卵予想日がいつなのかが、すぐにわかりました。

そこで、中垣先生が作成してくださったバイオリズム・カレンダーにさっそく排卵日を記入していったのです。

ところが、困ったことに、私のバイオリズムに現れた〝女の子の産み分けが可能な日〟と〝排卵予定日〟とが一致する日が1回もないのです。

バイオリズム・カレンダーは、6カ月間調べてもらいました。6カ月間で1日もありません。気持ちがあせりました。

なにしろ、長男が小学校に入る前には産んでおきたい、ということがありましたから……。

そして、先生にもう一度相談することにしたのです。

時間的にあまり余裕がないという事情を話しましたら、

「では男女どちらともいえない期間をつけ加えてあげましょう」（176ページQ&A参照）

と、おっしゃったのです。

そして、先生に2度めの相談をしてから数カ月後のバイオリズム・カレンダーのなかに、〃（どちらともいえない）産み分けチャンス日〃があったのです！

おかげで念願の女の子を授かることができました。

妊娠していることがわかったときは、長男や次男のときとおなじように、性別はどちらでもいい、無事に生まれてくれればとだけ考えていました。

その気持ちは、出産するまで変わりませんでした。産み分けを実行したにもかかわらず、どうしてなのかはいまでもわかりませんが、

「もしかしたら、希望が叶えられるかもしれない……」

という程度に思っていたのです。ですから、女の子が生まれたとわかったときは、声も出ないくらいうれしかったです。

私は産み分けを実践するのに、食事の管理やセックスの方法も守ってきましたが、とくに重視していたのはやはり〃バイオリズムの活用〃でした。

ちょっとした心がけ（基礎体温をつけるだけ）で産み分けに成功したので、どなたか悩んでいる方がいたら教えてあげたい、そんな気持ちです。

そしてまた、私のように、出産のためにあまり時間をかけられない方（出産を急がれる方）が実行予定日を選定するときに、バイオリズムによる産み分け可能日と排卵日とが一致する日がないような場合は、〃男の子か、女の子か、どちらともいえない期間〃を実行日としても、成功する可能性が少なからずあるのではないか、と思っています。

時間はかかったけれど、チャンスを確実に選んで女の子に恵まれました
——松嶋　眞莉子（仮名・当時、35歳）

夫の家系は男の子ばかり。また義母の家系も男兄弟ばかり。そして、すでに男の子ふたりの子供がいるという私たち夫婦が、「女の子がいたら」と考えるようになったのは、義母の入院ということも関係していたと思います。当時、義母は脳内出血を患《わずら》い、ずっと入院生活を送っていました。その様子を見ているうちに、夫と私は将来、自分たちが年をとったときのことを、ふと考えるようになりました。

夫は「娘がいたほうがいいかもしれない」と、次は女の子を強く望んでいることがわかり、私も、夫のそんな気持ちを感じていたこともあって、産み分けに大変関心をもつようになったのです。

実は、次男を出産した産婦人科でも、産み分けの相談はできたのですが、そこでは薬を使うということでした。いくら女の子がほしいとはいえ、薬を使うのは不安で、どうしてもその方法によって産み分けをする決断ができませんでした。

中垣先生のバイオリズムによる産み分け法のことを知ったのは、そのころだったと思います。確かテレビで見たのがきっかけで、すぐに本屋さんに行きました。そして、本を読ませていただいたとき、「これだ！」と思ったのです。

中垣先生の方式は、もともと人が自然にもっているバイオリズムを利用する方式で、まったく薬などは使いません。私はさっそく、先生にお手紙をお送りしました。

中垣先生からは、まず6カ月分のバイオリズム表を送っていただきました。しかし、私の場合、なかなかうまくいかなくて、結局2年以上の期間がかかってしまいました。何度か新たに6カ月分のバイオリズムカレンダーをつくっていただいたのですが、その都度、気になることや疑問点も一緒に質問をしました。それに対して先生からいろいろとお答えをいただけたので、あせらず、確実に女の子のできる日とチャンスを選ぶことができたと思います。ですから、2年

かかったといっても、そのあいだ、とくに困ったり、つらかったという思いはありませんでした。むしろ、ワクワクした気分だったと記憶しています。

もちろん、最初のうちは〝もし、失敗してしまったら……〟という気持ちがなかったわけではありませんが、でも、だんだんと続けているうちに、むしろ不安はまったくなくなりました。いま振り返ると、あっという間の2年間だった気がします。

無事に出産の日を迎えて、希望どおり女の子が生まれたことがわかったときは〝うれしい！すごい！　幸せ！〟という感じでした。夫も実際に生まれるまでは〝本当に大丈夫か〟と、信じられなかったようでしたので、娘が誕生したときの喜びは一生忘れられないものになったのではないかと思います。

私たち夫婦は、その後、もうひとり、女の子に恵まれました。このときは、とくに産み分けを意識したわけではなかったのですが、後からバイオリズムを確認したら、やはりぴったり合っていたんですね。ですから、先生は成功率80％とおっしゃっていますが、私は100％成功するのではないかと思っています。だからもし、絶対につぎは女の子、男の子をと思っている人には、がんばってくださいといいたいです。

いまは、二男二女の子供に恵まれて本当に幸せだと感じています。本来は性別に関係なく、子供に恵まれたということだけでも十分幸せなことなのですが、女の子に恵まれ、両方の性の子供を育てることができたことで、男の子をもつだけでは見えなかった良さがよくわかるようになりました。また、親の勝手かもしれませんが、子供たちにも、将来、よかったと思ってもらえるのではないかと思っています。

私の場合、産み分けを実行してから、実際に出産するまで時間がかかりましたが、それでもあせらず、確実にチャンスを選びました。

薬を使わず、自然な方法で男女の産み分けができる、中垣先生の方法は本当に素晴らしいと思います。中垣先生には、本当に感謝の気持ちでいっぱいです。

私たちは男の子の産み分けに成功しました

女系家族ですが、待望の男の子に恵まれました

――佐藤　みどり（仮名・当時、33歳）

私が待望の男の子を出産したときのことです。

「ねえ、男の子と女の子が産み分けられるって、知ってる?」

女の子を産んだばかりの隣のベッドにいた女性に、私は思わずこんなことを聞いてしまったのです。

中垣先生の指導を信じてはいたのですが、やはり、生まれてくるまでは半信半疑。もし女の子だったら……という不安が最後まであったのです。

でも、一時反対していた夫や両親を説得し、努力してきた私の熱意が実を結んだのですから、うれしさのあまり、同室の初対面の女性にまで宣伝してしまったというわけです。

ちなみに、その方は退院すると、中垣先生の産み分け法にしたがってふたりめの子供を産もうと決め、すぐに先生にお電話されたそうです。

私が産み分けをしようと決心したのは、長女が1歳になったときでした。私は女ばかり、4人姉妹の末っ子に生まれました。

そのせいか、子供のころから、男の兄弟がいる友達がとてもうらやましかったのです。そして、結婚して生まれた自分の子供も女の子。しかたがない、女系家族だからこういう運命なのか、と諦《あきら》めていました。

それでも、父のはじめた会社を夫が継いで、一生懸命働いている姿を見ていると、なんとか

夫の跡《あと》を継ぐ男の子に恵まれないかと、私なりに悩んでいたのです。

そして娘が1歳になって、そろそろつぎの子供をというころ、友人が〝男女産み分け法〟に関する本や雑誌を貸してくれたのです。

それまで私は、男女を産み分けられるということをまったく知りませんでしたから、たいへん驚きました。――もしも知っていたら、最初の子供のときに試していたかもしれません。

そして、いよいよ実践することになるのですが、雑誌のなかで中垣先生は、

「バイオリズム、食事の管理、セックス、この3つを実行すれば、産み分けは80パーセント可能になります」

と断言していらっしゃいました。100パーセントではないので、そのことが少し不安だったのですが、それまでこんなことができるなんて知らなかったので、

「男の子か女の子かなんて、その確率はもともと五分五分なんだから、それが少しでもアップするのなら、やるだけやってみよう」

という気になり、実践してみることにしたのです。

さっそく、基礎体温をつけることからはじめたのですが、まだ1歳の娘の授乳時間がきちんと決まっていなかったので、朝、決まった時間につけるのがなかなか大変でした。

なにしろ、朝5時におなかがすいてオッパイを催促するのですから、そのために時間をとると、6時ごろには私も眠くなってしまいます。そして、気がつくともう8時。こんなことは何度もありました。

でも、夫には感謝しています。というのも、スヤスヤ寝ている私を起こして、朝ごはんを要求したことが一度だってなかったのですから……。

こうして、基礎体温の測定を3カ月間つづけることができ、きちんとグラフになり、〝排卵予想日〟をつかむことができたのです。

その後、先生が〈産み分け可能日〉に印をつけてくださったカレンダーに、排卵予想日を加えていきましたら、それからちょうど1カ月後

“排卵予想日”を記入したら、1カ月後にチャンス日が…

にチャンス日（産み分け実行日）があることがわかりました。

「さあ、これから私は毎日冷やっこに枝豆、そしてあなたのほうには鰹《かつお》ぶしをたっぷりかけてあげるわね！」

そんな調子で、目標の日をめざして元気にすごしていたのですが、不安がぜんぜんないわけではありませんでした。

それは、私の体調のことだったのです。

というのは、最初の出産が難産で、しかも、産後の体調回復が、そのころもまだ完全とはいえなかったからなのです。

夫はそのことを心配して

「バイオリズムが少し狂っているかもしれない」

などというのです。

しかし、結果としては成功したのです。

あとで知ったのですが、人間のバイオリズムは狂ってもまたもとに戻るとのこと。

そして私は、バイオリズムを活用した〝中垣式産み分け法〟の成功率は、80パーセントを超えたのではないかと思っているのです。

バイオリズム・カレンダーのおかげで男の子が!

――伊東　ひろみ（仮名・当時、31歳）

雑誌で、産み分けの記事を見つけたときから、私も実行してみようと思っていました。

〝産み分け法〟を実践しはじめてからは、〝運を天にまかせて〟、そんな気持ちでした。

私が手にした雑誌には、中垣先生の〝バイオリズムで産み分けが可能になる〟というお話が載っていて、先生の連絡先も紹介されていました。

そのころの私には、ふたりの女の子がいました。

「子供はあとひとりほしいね。それも、今度は男の子だったらいいな」

私も夫もおなじ思いでしたが、同居している父や母は口には出さないものの、私たちよりずっと強く男の子の孫を望んでいたと思います。

私は、中垣先生の〝産み分け法〟のほかにも、いろいろな本を読んで産み分けに興味を抱いていましたから、「そろそろもうひとり」という話が出たとき、思いきって夫に、

「ねえ、今度は男の子にしたいわね。それで相談なんだけど、〝バイオリズムによる産み分け法〟を試してみない？」

と提案したみたのです。

世の中には、事業の後継者にするために、あるいは、代々の跡継《あとつ》ぎにするために、どうしても男の子がほしいという方がたくさんいらっしゃいます。そういう方たちにくらべたら、私の願いはただ単純に男の子がほしいというものです。しかし、それはどこにでもあるふつうのことのようにも思うのです。

夫のＯＫがとれ、いざ目的のためにと決心したときも、また、実践中も、

「確率は天の神様まかせね」

と産み分けそのものにあまり神経質にならずのんびりと出産の日を待つことができました。

中垣先生が考案した『スリーステップ方式』が、なにより〝安全〟だと思うのは、薬などをいっさい使用しないため、母体に与える影響がまったくないということです。自然のままなので

す。体を診察することもありません。

私がとくに興味をもったのは、産み分けの基本でもあるバイオリズムの理論そのものだったので、バイオリズム・カレンダーは自分でつくってみました。計算方法はとても簡単だったので、2年分もつくりました。

とくにむずかしかったことは、グラフに〝波線〟を書き入れるときです。きれいなカーブをひこうと思えば思うほど、曲がってしまったり、プラス期とマイナス期のカーブが不均衡だったり……。私は先生の指導を直接受けずに産み分けをしようとしていたので、なるべく独力で、自分のバイオリズム・カレンダーをつくってみたのです。

雑誌のなかの先生の指導法では、最初は、半年間のバイオリズム・カレンダーをつくってくださるということでした。その期間中、一般的に、1~2回の〝産み分けのための実行予定日〟があるということなのです。

私が2年分もつくったのは、つくっているうちに面白くなってきたから、というだけのこと。

とくに、基礎体温表から読みとれる私の〝排卵予定日〟を記入していくときは、ワクワク、ドキドキ。何日あるかしらとか、ぜんぜんなかったらどうしようとか……。

そして、手製のバイオリズム・カレンダーをながめながら、夫と目標の日を楽しみに、食事の管理やセックスの方法について勉強しながら生活していたのです。

だんだん、その日が近づいてきます。少し不安です。それで結局、受話器を取ったのです。

「先生、もし、まちがっていたらと思うと、心配になって……」

中垣先生はさっそく、男の子を受胎する可能性が高い期間を記入した、私の6カ月分のバイオリズム・カレンダーを作成して、送ってくださったのです。

照らし合わせてみるとなんと、私が一生懸命つくったバイオリズム・カレンダーに書き入れた期間とおなじだったのです(「ホッ!」)。

そして、予定どおり実行したのちに妊娠を知り、出産のその日まで、私も夫も、別に何もしなかったかのように、のんびりした気持ちですごすことができました。

やがて、待望の長男が生まれました。(親バカですが)頭のいい、元気な男の子です。

いま、私のすばらしい経験を思うと、弟夫婦にも、中垣先生の本をプレゼントしたいな、と思っています。

そして、私はこの本をお読みのみなさんに、〝第1子か、第2子から産み分けを試みると、気持ちのうえで、また、生活にもゆとりがもてるようになる〟といいたいのです。

ふたり、3人と子供をもってから、

「どうしても女の子がほしい(または男の子がほしい)」

と望んでも、自分の年齢や子供の人数を考えると、気分的に余裕がなくて、不安になることもありますから……。

おかげさまで、私たちは間に合いました。先生に大変感謝しております。

薬なしなので、安心して産み分けにチャレンジ

——坂上　冬子(仮名・当時、32歳)

「困ったわね……」

1歳4カ月の娘が、今夜に限ってぐずぐずしてなかなか寝てくれないのです。夫も苦笑いです(ああ、困った。夫が〝もう今夜はだめだ、諦《あきら》めよう〟なんていって寝てしまったらどうしよう……)。そこで私は長男の話をはじめました。

「ねえ、もうちょっと待ちましょうよ……。今日ね、昼間おばあちゃまにお留守番してもらったのよ。ほら、今日はお兄ちゃんの授業参観日だったから」

「ああ、そうだね。学校はどうだった? 一郎、元気にやってた?」

「ええ、もう元気すぎて恥ずかしいほどだったんだから。後ろばっかり見てね、〝ママ、ここ、ここ〟って、手なんか振っちゃってね」

夫は、長男のことになると夢中になって、話が止まらなくなってしまうのです。それがわかっていたので、学校に行ってきたことは話題に

しないようにしていたのですが、私のほうから話してしまいました。

それにしても、娘の目はパッチリ開いていて、寝る様子がありません。もう11時です。

「よっぽどお昼寝が長かったみたいだね」

「遊びだしちゃったじゃない！　ホラ、おいで！」

こんなことでは、今夜の〝儀式〟はどうなることやら……。娘がまるで私たちの今夜のことを知っていて、いやがらせしてるみたい（まさか！）でした。昼間出かけるときに、

「このごろ、菜名ちゃん、夜なかなか寝ないので、私まで寝不足になってしまって……。ですから、お母様、お昼寝はなるべくさせないように、遊ばせておいてください」

と、いっておいたのですが、

「あんまりスヤスヤ寝てるもんだから、わざわざ起こすのも、と思って……。そのままにしてたの、ごめんなさいね。今夜もまたあなたを寝不足にしちゃうわね」

〈ヤダー、せっかくのチャンス日なのに、困っちゃうじゃない……〉

しかたがありません。母には、今夜が〝その日〟だということは話していません。もちろん、産み分けのこともです。ですから、夫が帰ってきたときも、

「よかったわね。パパのお帰りよ」

などといって、娘を抱き上げて夫に抱かせようとするのです。

〈もう、ダメダメ、おやすみなさい！　お母様も……〉

それにしても、親がなんとなくソワソワしているのが、子供にも通じるのでしょうか。菜名はいつまでも落ち着かないのです。

そんなわけで、その夜の〝男の子がほしいときの産み分け実践〟がはじまった(!?)のは、もう午前1時もすぎたころからでした。

夫は、菜名が1歳のお誕生日を迎えるころから、一郎と菜名の下にもうひとり男の子がいたらいいな、といつもいっていました。

私も、子供はもうひとりいてもいいなと思っていました。でも、そうと決まったら早くしな

いと、私ももう32歳だし、それに、上の子と歳が離れすぎてしまうし……。

それで、たまたま何かの雑誌で読んで知っていた中垣先生のところに、お電話をしてみたのです。夫は、ダメでもともと、でもうまくいけば成功するかもしれないよ、といいながら賛成してくれました。

私も、薬を飲んだりしなくても産み分けができるという〝中垣式産み分け法〟に興味がありましたし、〝いつかもうひとり〟という気持ちもあったので、先生にお電話をしたのは菜名の誕生日の翌日という早さでした。

そして、たいへんラッキーなことに、なんと、先生に相談してから1カ月後の私のバイオリズムに、〝男の子の産み分けチャンス日（実行日）〟がやってくることがわかったのです。

今夜は、その1回めのチャンス日なのです。そのつぎはかなり先になってしまいます。ですから、せっかくのこのチャンスを逃したくありませんでした。

「ともかく、がんばってみようよ」

ということになったのですが、どういうわけか、夫も私も緊張してしまって……。まるで、新婚当初のようにおたがいを意識してしまったのです。しかも、私ときたら、〝菜名ちゃんが起きなければいいんだけど〟などという心配までしていたのですから、気もそぞろです。

そんなふうに、どこかリラックスしないままに〝実践〟したものですから、受胎できたとしても、産み分けはうまくいかなかったのではないかと、なかば諦《あきら》めていたのです。それが、幸せなことに次男の誕生となったのです。

私の場合、中垣先生につくっていただいた6カ月間のバイオリズム・カレンダーのうち、最初の1カ月で成功してしまったので、バイオリズムの効用をじゅうぶん感じとることができなかったような気がします。ただ、10日間の食事の管理は、夫婦ともしっかり守りました。そしてセックスの方法もです。夫は〝禁欲〟を守り、当日は緊張のなかにも私を上手にリードしてくれました。あのときのふたりの緊張が、新鮮な雰囲気をつくってくれたのかもしれません。

「(新婚当時を思い出させてくれて!?)ありがとう」と、母にも感謝したくてウズウズしています!

産み分け特別食もつくって直系の十代めを出産

――服部 美智子(仮名・当時、30歳)

中垣先生が産み分けについてお話ししている雑誌を目にしたとき、私は天にも昇る思いでした。これは私にとって、けっしてオーバーな表現ではないのです(念のため)。

といいますのも、結婚が決まったとき、

「子供は3人までにしよう」

と話していましたから、3人まで産むことには何も問題はなかったのですが、気がかりなことがあったのです。それは子供の〝性別〟でした。

なにしろ、ふたりめまでは私ものんびりとした気持ちで出産を迎えていたのですが、長女につづいて生まれたのは、またもや女の子でした。もちろん可愛い女の子の誕生に家族じゅうが大喜びでした。

そして、次女がもうすぐ2歳になるということろ、「3人めの子供がほしいね」ということになり、私は神様にお祈りしたい気持ちになっていました。今度は〝男の子〟が生まれればいいんだけど……と。

なぜなら、夫の〝家系〟のことがあったからです。はっきりとわかっているだけでも、夫で九代めという系図が描かれていました。

つまり、〝直系の十代めがほしい〟ということです。でも、そのことを夫は口に出して、私にいいませんでした(夫の優しさ!)。

奥さんに向かって、「男の子を産んでほしい」と要求するのは酷ですものね。

子供の数は、はじめから3人までと決めていましたから、私としても、〝今度こそ、男の子を産まなければ……〟という思いは格別だったのです。

そんないきさつから、私は中垣先生の指導を受けることに決めたのです。

人間のバイオリズムは、生まれると同時にスタートすると聞いていたので、私のバイオリズムについては何も気にすることはありませんでした。変えようのないものですから。

先生がつくってくださったバイオリズム・カレンダーを手にして、さっそく〃排卵予定日〃を記入していきました。

「大丈夫、ある、ある、ある！」

そのときは、私も夫もまるで何かとても楽しいことが〃その日〃にやってくるかのように、大喜びしたのです。

そして、それからあとの日々は、先生の指導にしたがい、目的に向かって〃努力、努力〃の毎日でした。

なにしろ、男の子が生まれるように〃産み分けを実践中〃というのを知っているのは、夫だけです。同居している両親、そして祖母には何も話していません。

そんな状態のなかで、わが家の3度の食事は、全員そろってとっているので大変でした。

〃産み分け実行日〃まであと10日となったときのメニューが問題でした。毎日、ひとりで大さわぎしてキッチンに立っていました。

なにしろ、夫にはお魚やお肉などの動物性たんぱく質の豊富なメニューを中心にし、私のほうは菜食を中心にしなければならないので、それは大変。また、〃産み分け用メニュー〃とは区別がつかないように、いつものように、おばあちゃん、父、母、そして子供たちの食事をつくらなければならないのです。この苦労、わかっていただけるでしょうか？

周囲に気づかれないようにしながら、その日のための特別メニューをつくりつづけた10日間。夫の家系を九代で終わらせたくないというある種のせっぱつまった思い……。それらのことも、いま、12歳になった息子をながめていると、懐かしく思い出されます。

私のように、夫以外は、同居している家族にも話さずに〃産み分け〃を実行しようという方がたくさんいらっしゃることでしょう。また、なかにはご主人にも相談せずに、という方もいらっしゃるかもしれません。

産み分けに成功した先輩として、私からそのような方々にお話したいことは、まず中垣先生にご相談してみたらどうですか、ということで

“産み分け実行日”までの10日間、特別メニューで奮闘

す。先生はご自身も産み分けに2度も成功なさっていますし、他にも、たくさんの方のいろいろな成功例を見ていらっしゃいます。先生は、「性別が決まるのはもともと五分五分です（男と女しかいないのですから）。それを80パーセントの確率にあげるのですから、何もやらないよりやってみたほうがいいのでは」とおっしゃいます。

悩んでいる方、〝努力〟してみることです！

3人めに男の子が生まれて夫も大喜び
――和田　佳子（仮名・当時、30歳）

もうかなり前のことなので、産み分けのためにどんなことをしたのか、細かいことはあまり記憶にありません。

ただ、産み分けを試みようと決心したときのことは、いまでもはっきりと覚えています。

たまたま、女性誌を見ていて（美容院で雑誌を見るような、そんな感じです）、ページをパラパラめくっていたときのことだったと思います。そのときに、ふと目にとまったのが、中垣先生の記事でした。

たしか、〈私は、バイオリズムで産み分けをした〉というような内容だったと思います。

「〃バイオリズムで産み分け〃って何だろう？ 自分にもできることだったら、試してみようかな……」

その当時、私には8歳と5歳の娘がいました。夫とは、子供の数については、とくに決めてはいませんでしたから、

「ね、男の子ほしいわね」と打診してみますと、

「そうだね」とふたつ返事！

雑誌を読んだときにはすでに、私の心のなかで〃産み分けを実践してみよう〃と心が動いていましたから、夫の同意を得てからの私の行動は早かったと思います。さっそく、中垣先生にお電話をして、基礎体温も3カ月間つけました。

そして、先生がつくってくださった私のバイオリズム・カレンダーに〃排卵予定日〃を書き込んで、あとは〃産み分け実行日〃を待つばかり……。

細かいことをよく覚えていないのは、家の事情などで〃ぜったいに男の子がほしい〃というような、悲壮ともいえる思いがなかったからかもしれません。そのせいか、私の気持ちのなかにも、〃半分本気、半分冗談〃みたいなところが、正直いってあったような気がします。

そして、いざ実践して、妊娠期間も無事にすごし、いよいよ出産となりました。

「おめでとう！　元気な男の子ですよ」

と、祝福の第一声をかけてくれたのは、偶然、近所に住んでいた知り合いの看護士さんでした。そのとき私自身は冷静だった気がしますが、まず頭に浮かんだことは、

「きっと夫が喜んでくれるだろうな」

という思いで、それは想像以上でした。男の人にとって、息子というのは、まるで自分の分身でもあるかのように思えるのでしょうか。このうえなく愛《いと》しい者のように可愛がるのです。

とはいうものの、女の子がふたりつづいたあとの男の子の誕生は、夫ばかりでなく、家じゅうに暖かい幸せを運んでくれたのです。家のなかの雰囲気もいままでより明るく、そしてまあるくなったような感じです。

あのとき、私たちに幸せを運んでくれた息子も、いまは小学校の6年生です。

夫の可愛がりようは少しは平静にもどりましたが、それでも休日になると、「ちょっと一周してくるよ！」といって、ふたりでドライブに行ってしまいます。

そのときは夫も息子も、とても楽しそうです。そんなふたりの姿を見ていますと、

「あのとき、産み分けについてほとんど何も知らなかったのに、よく決心したなあ」

と思うのです。そしてまた、決心したことを〝本当によかった〟とも思っています。

夫は電気店を経営しています。ときどき商店会の会合があると、

「うちの息子は〝産み分け〟に成功して生まれたんだよ」

と話したり、若いご夫婦には、産み分けの方法について教えてあげているようです。

いまいえることは、希望どおりの男の子に恵まれ、家庭がいっそう明るくなり、実践してみてよかったなということ、そして、いまでも先生に心から感謝しています。

自然な方式に心ひかれて、産み分けにトライ

――白鳥　まり子（仮名・当時、28歳）

4歳になる長男と2歳の長女が、ふたり仲良く遊んでいる光景を見るたびに、「ああ、産み分けにチャレンジしてよかった」と、つくづく思います。

夫と結婚した後も、私は2年ほど共働きをつづけていたのですが、義母から「早く孫の顔が見たい」といわれたこともあり、夫と相談のうえ、子供をつくることを決めました。

しかし、子供の性別について、すぐに夫と私の意見がわかれてしまったのです。夫の希望は男の子。でも、私は可愛い女の子がほしかったのです。義母にも、それとなく聞いてみると、最初は男の子を望んでいるらしいことがわかりました。

そこで、夫ともう一度、相談した結果、「最初は男の子を産み、次に女の子を産めばいいのでは……」ということになったのです。しかし、

正直なところ、私自身は〝本当に産み分けなんて、できるのかしら……〟と思いながらの決断でした。

さて、それから1週間は本屋さん通いです。赤ちゃんの産み分けに関する本を探し求めて、本屋さんを5カ所も回りました。その結果、産み分けに関する本が5冊ほどあることがわかったのです。

それらをすべて読んだうえで、最終的に心が傾いたのが中垣先生の本の『スリーステップ方式』でした。

ほかの本で紹介されていた方法は、栄養剤のようなものをしばらく飲みつづけるとか、なんとなく心配な点があったのですが、中垣先生のバイオリズムを利用する方式は、まったく自然な方式です。薬などはいっさい使わない、お医者さんに行く必要もない、自宅にいながらチャレンジできるといったところに、私はとてもひかれたのです。

夫にも相談したところ、やはり〝自然な方法がいい〟ということで、結局、中垣先生の方式で産み分けを試みることにしたのです。

そして、夫は会社のパソコンで、インターネット上の中垣先生のホームページを調べて、そこに掲載されていた〝バイオリズムで産み分け〟の内容をプリントアウトしてもってきてくれました。

私は私で、先生の本の説明を読みながら、付録としてついていたバイオリズムカレンダーを利用して、自分で「バイオリズムカレンダー」を6カ月分、つくってみました。しかし、正しいかどうか不安でしたので、中垣先生にお送りして、チェックをしていただきました。

すると、うれしいことに先生からは「大丈夫。正しくできています」と太鼓判をいただくことができたのです。

あとは〝食事の管理〟と〝セックスの方法〟です。食事管理は私の腕の見せどころ。セックスの方法は夫に本を読んでもらって、よろしくお願いしました。

そして、出産の日――希望どおり、私たちは男の子を授かりました。

いま思うと、私の場合は、排卵日のつかみ方にいちばん苦労した気がします。しかし、その後、同じく中垣先生の方式で、今度は私が強く希望していた女の子の産み分けにも成功しました。希望する子供に恵まれ、主人も義母も、そして私も、いまは最高に幸せな毎日を送っています。

中垣先生は、本では産み分けの成功率は80パーセントとおっしゃっていますが、私たち夫婦の場合は運良く長男、そして長女と100パーセントの成功率で産み分けすることができました。私は友達や後輩にも中垣先生の本をいつもすすめています。

＊34～61ページにご紹介した体験談は、過去25年のあいだに、私のもとへ寄せられた体験者の方々からのお手紙をもとに、構成いたしました。年齢は、産み分けを実践された当時のものです。また、氏名は仮名とさせていただきました。

第2章

産み分けを成功に導く『スリーステップ方式』

まず、バイオリズムの基本を知っておきましょう

バイオリズムとは？

この世に生を受けたものは、動物・植物・人間を問わず、自然界は一定のリズムをもち、それに支配されているということができます。人間でいえば、呼吸・体温・脈拍・生理などといった多くの複雑なリズムが、その人間固有のリズムを作りあげ、その人の人生（運命）を左右しているといえるでしょう。

バイオリズムとは、その人の生年月日をもとに身体リズム・感情リズム・知性リズムの3つのリズムのグラフを作成し、日々のコンディションを知って、リズムにのった幸せな生活をするためのひとつの方法だといえます。約100年ほど前から、各国の学者によって「生命のリズム」について研究が進められ、その結果、医学的にも科学的にも裏づけされた「PSI理論」が発表され、今日では各国で広く活用されています。

まず初めに、バイオリズムの基本を理解していただくために、バイオリズムの研究がどのように進められてきたか、見てみましょう。

フリース博士が発見した〝一定の周期をもつ体のリズム〟

オーストリアの精神分析医・フロイトの親しい友人に、ドイツの耳鼻咽喉科医・フリース博士がいました。1887年から約15年間、ふたりは何通もの手紙を交わしています。フロイト

バイオリズムの発見は、患者の病状の周期性から

はフリース博士に宛てた手紙のなかで、〃夢〃について、つぎのように書いています。

「……彼女は夢のなかであらゆる食事のメニューを叫んでいた。〈ストーウベゥイ、ワイルド・ストーウベゥイ、オブレッ、プデン〔イチゴ、野イチゴ、オムレツ、プディング――すべて幼児語〕〉」

「フロイトはチキンが嫌いで『……祭りのためにチキンのディナーが必要です。ラビよ、われわれはどうすればよいのでしょうか？』。ラビがいうには、『オンドリを殺しなさい』。『しかしそうすればメンドリが嘆《なげ》くでしょう』。『そうだね、では、メンドリを殺しなさい』。『しかしラビよ、そうすればオンドリが嘆くでしょう』。『勝手に嘆かしておきなさい』とラビは答えた」（以上二話、青土社『フロイトの料理読本』より）

こうした手紙などを読んでみると、フロイトの精神分析に影響を与えたと思える話が、いくつも発見されます。

ちなみに、フロイトがフリース博士に宛てた

手紙は、フロイトの娘アンナと、アンナの友人マリー・ボナパルテがまとめ、『精神分析の起源シグムント・フロイトの書簡』として英訳されています。また、鼻を患《わずら》っていたフロイトは、それが原因でよくイライラしたり、ノイローゼになったりしていました。そんな彼に、医師フリースは麻酔剤（コカイン）を使いなさいと指導したり、たばこの吸いすぎから起こる喉頭がんを心配して、警告したりしています。

さて、フロイトに多大な影響を与えたといわれる、このフリースという人は、いったいどんな人だったのでしょうか？　また、バイオリズムとはどんな関係があるのでしょう。

フリースはベルリンで開業医をしていました。彼はまた、ベルリン大学医学部で耳鼻科の講師をしながら、ベルリン市の衛生局長やドイツ科学アカデミー会長をも務めていました。

1887年、彼は大勢の患者をみているうちに、〝人間には生まれつき一定の周期をもつ体のリズムがある〟ことに気づきました。たとえば、治療にくる幼児の発病が規則的な周期で起こること、友人のフロイトの〝鼻〟の粘膜の変化にも周期があることなどを発見したのです。

そして1906年、数学者の分析による助けも借りて、人はだれでも男女両性的な性質をもつと発表しました。それは23日周期の男性的要因（スタミナ、忍耐、勇気などの肉体面）と28日周期の女性的要因（直観、愛などの感受性や感情面）のふたつです。

さらに、この2種類の周期は生命にとって基本的なものであり、生涯において肉体的・精神的な面から活力に影響を与える（72ページにある好調期と不調期のこと）とも報告しています。もうおわかりですね？　フリース博士こそ〝バイオリズムの先駆者〟だったのです。

そして、私がフリースとフロイトとの関係を長々とお話したのも、

「もしフリース博士がフロイトと親友でなかったら、そのライフワーク『生命のリズム——生物学精説』も、世に出ずに終わってしまったかもしれない。フロイトは何年ものあいだ、フリースが生物学に突破口を開いたと考えていた」

〈思索社『ボディ・タイム』より〉というフリース博士に関する一節を目にしたからなのです。

ふたつのリズムから見つけ出された〝要注意日〟

ところで、バイオリズムの先駆者というべき人が、実はもうひとりいます。

ウイーン大学の心理学教授ヘルマン・スウォボダ博士です。

スウォボダ博士は、〝人間の感情・行動・思考の変化にはリズムがあるのではないか〟と考えていました。それはちょうど、ベルリンでフリース博士が〝人間には生まれつき一定のリズムがある〟と理論づけていたのとおなじ時期でした。

ウイーンとベルリンは、500キロメートルも離れていません。これはたんなる偶然だったのでしょうか?

彼は、フリース博士が発表した〝人間は両性因子をもつ〟という論文を読んでいました。そして彼もまた、〈男性のスタミナや精力といった肉体面を支配する周期は23日、女性の特徴ともいえる感受性や感情面を支える周期は28日ごとにくり返される〈講談社『バイオリズムとはなにか』より〉〉と主張しているのです。

心理学者であるスウォボダ博士は、この「人間の行動や感情には周期性がある」という研究をさらに発展させました。そして、それらの周期は人間に何か影響を与えているのか、また、その周期はあらかじめ計算できるのか、という研究へとつなげていったのです。

そしてついに、誕生日さえわかれば生涯の〝要注意日〟を知ることができる計算尺を考案したのです。このように、ベルリンのフリース博士が研究していたのとほぼおなじころに、ウイーンではスウォボダ博士もおなじテーマの研究をしていたのです。

ところで、余談ですが、前述の『フロイトの料理読本』のなかに、「口にするのも残念なことながら、われわれの友情がもっとも苦痛に満ちた形で終わったのはこの学説〈著者注・フリース博士の『周期性の法則』〉のせいである。私〈著者注・フロイト）の患者のひとりが、フリース自身が発表する前に彼の両性学説を剽窃《ひょうせつ》したので、〃リーク〃は私（著者注・フロイト）のせいである……」と、あります。はたして、「患者のひとり」とは、スウォボダ博士のこと……？

スイスの数学者による「簡単に〃要注意日〃のわかる計算表」

ところで、まだフリース博士の計算表についてのお話をしていませんでした。

フリース博士も、その人の〃要注意日〃を知るための計算表を発表しています。しかし、それはたいへん複雑で計算がやっかいなものでした。そのため実用化されず、しかもそのことが原因にもなって、バイオリズムが広く一般化するのに時間がかかってしまったようです。

さて、現在私が男女産み分け『スリーステップ方式』で使用している計算表（つぎの節で解説する数値表）は、フリース博士のものでも、スウォボダ博士のものでもありません。

それは、スイスの数学者、ハンス・R・フリュー氏の計算表なのです。

しかし、これはフリュー氏のオリジナル計算表というわけではなく、ドイツのブレーメン大学の工学博士、アルフレッド・ジュット氏が考案した計算表をもとにして改良されたものです。

ジュット博士が人間の周期性を算出しやすい計算表を考案したそもそもの目的は、スポーツ選手の育成にありました。

つまり、選手の記録を見て、彼らの好調・不調の変化を研究するうちに、〃選手の誕生日と競技が行なわれる日との関連性を決定する計算表〃を考案したのです。これにより、競技開催の日程がわかっていれば、選手はその日は「やれる！」と自信がついたことでしょう（でも、初めからその日は不調と出てしまった選手はどうしたのでしょうか……？）。

このジュット博士の計算表は〃簡易計算表〃と呼ばれ、フリース博士やスウォボダ博士が工夫したものにくらべるとかなり簡単に算出できました。そしてフリュー氏はそれをさらに簡素化したのです。現在私が使っている数値表が、

スウォボダ博士のバイオリズム計算表と H・R・フリュー氏のバイオリズム計算機

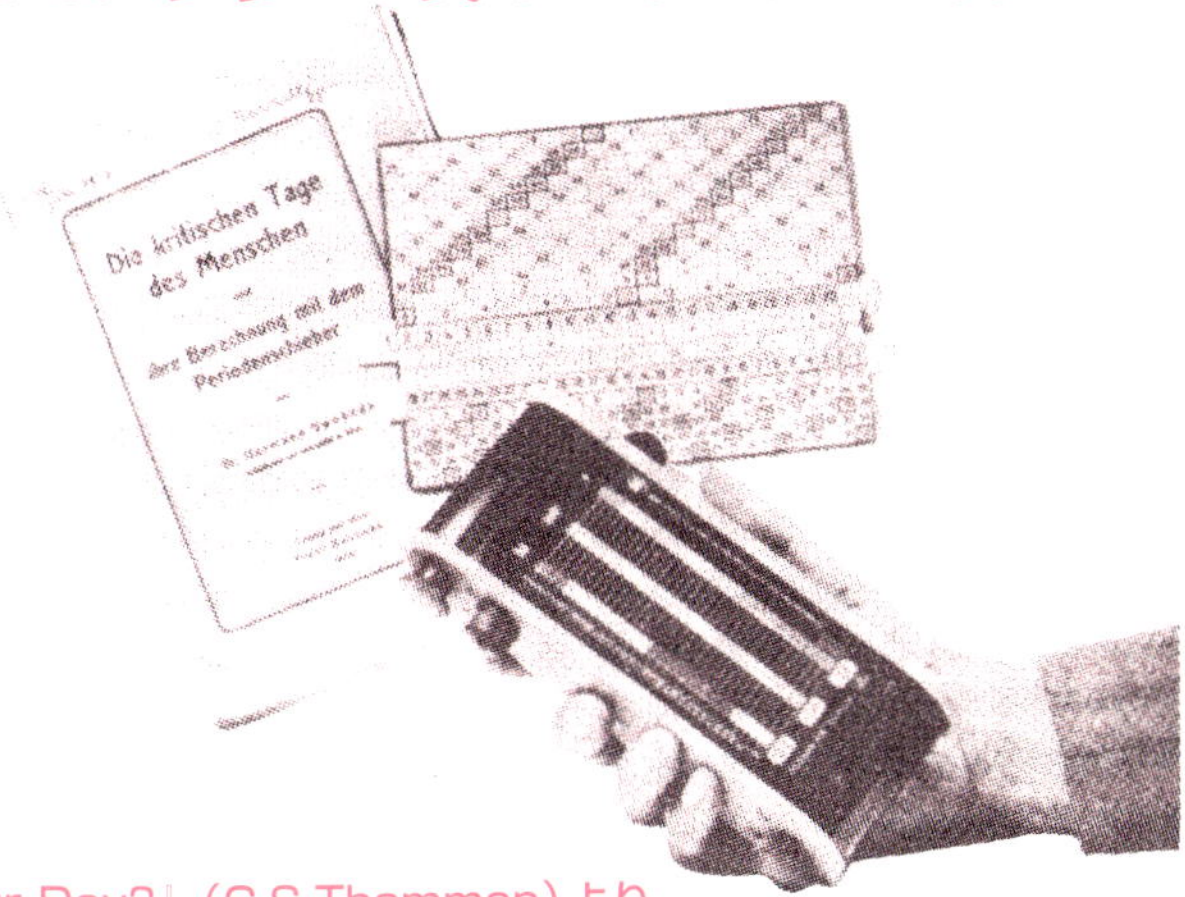

『Is This Your Day?』（G.S.Thommen）より

このフリュー氏の計算表なのです。95ページの計算見本は、フリュー氏の計算表を使って算出しています。

正確な生年月日がわかっていれば、だれにでも簡単に、この表から自分の体の好調・不調の日を見つけることができるのです。

さて、本書には自分でバイオリズムのグラフ（バイオリズム・カレンダー）が作成できるように、シール式の付録がついています。これは男女産み分けをめざす方はもちろん、どんな方でも利用できます。たとえば長期間旅行に出るときとか、仕事の成績とか、ゴルフの調子とか、いろいろな予定や気になることがあっても、あらかじめ〝用心〟ができるので、とても安心です。

「身体リズム」「感情リズム」のあとに発見された「知性リズム」

さて、ここまででお気づきと思いますが、バイオリズムの周期については、フリース博士もスウォボダ博士も23日周期の男性的要因（身体リズムに相当）と28日周期の女性的要因（感情リズムに相当）しか発見していません。

ところが、人間には知性リズムもあることを発表した博士が、のちにふたり現われました。

ひとりは、オーストリアのインスブルック大学で工学部の教授をしていたアルフレッド・テルチャー博士です。

なんと博士は５０００人もの学生を対象に、身体リズムと感情リズムが実際にあるのかどうかについて実験を行ない、その作業中、彼はふたつのリズムとは異なるもうひとつのリズムがあることを発見しました。周期は33日。つまり、確実に33日のリズムを刻んで、学生の思考能力が変化したのです。それが〝知性リズム〟でした。１９２６年のことです。

もうひとりは、アメリカ・ペンシルベニア大学のレックスフォード・ハーシー博士です。

博士が実験の対象としたのは25人の熟練鉄道員でした。１９２８年から約４年間、鉄道員たちの労働力と感情の調査をしたのです。その結果、身体リズムの23日周期と感情リズムの28日周期を確認したばかりでなく、テルチャー博士とおなじく、33日周期のリズムを見つけ出しました。つまり、体の調子や作業力を調査したところ、どの鉄道員にも、23日周期、28日周期、33日周期の３種類の〝波〟があることが記録されたのです。

３番めの33日周期は、記憶力や思考能力など、とくに知的能力の好調なときと不調なときを表わす波でした。

この〝知性リズム〟は、フリース博士やスウォボダ博士による最初のふたつのリズムの発見から、20年以上もたってから発見されたことになります。まさに「ニュー・ウェーブ」だったわけです。

３つのリズムの表わすもの

さて、ここで、今まで出てきた３つのリズムについて、その特徴を簡単にまとめておきましょう。

◎身体リズム(P=Physical)

23日周期を刻み、私たちの筋肉細胞や筋繊維を支配しているリズムです。体のコンディションに強い影響を与えています。したがって、スポーツマン、肉体労働に携わる方、病人などにとって重要な意味をもちます。健康リズムともいわれ、体調の高・不調がわかります。またバイタリティー、闘志、抵抗力、意欲、攻撃性、反抗力、自信などにも影響します。(男性リズムともいわれる)身体リズムの高調期には、スポーツ選手が高記録を出したり、ハードトレーニングにも適した時期です。外科手術を行なうのもこの時期なら抵抗力もあり、治癒回復が早くなるでしょう。低調期は疲れやすいので、オーバーワークは避けましょう。

◎感情リズム(S=Sensitivity)

28日周期を刻み、私たちの情緒の本拠と考えられる交感神経を支配しているリズムです。心の動き、感情の起伏に強い影響を与えます。したがって、OL、ビジネスマン、プロスポーツマン、芸能人、恋人、夫婦などにとって重要な意味をもちます。恋愛リズムともいわれ、恋愛や結婚の相性などもわかります。また、感情、気分、陽気さ、機嫌、感受性、直感、想像力、表現力、協調性、芸術の関心などに影響します。日本人(とくに女性)はこのリズムの影響を受けやすいといわれています。感情リズムの高調期には、美しいものに感動したり、気分は生き生きとします。感情も豊かで、創造性や協調性を必要とする仕事には、絶好調の時期といえるでしょう。低調期は感情が不安定なので、対人関係に注意し、気分を押さえてトラブルを避ける努力が必要です。

◎知性リズム(I=Intellectual)

33日周期を刻み、脳細胞の活動を支配しているリズムです。知力や理性の働きに強い影響をあたえます。したがって、経営者、政治家、学者、学生、作家、弁護士、医者、科学者、教師などによって重要な意味をもちます。理解力、判断力、分析力、集中力、精神力、企画力、対話や文章執筆などにも影響します。知性リズムの高調期には思考力が冴え、記憶力も増し、知的活動は活発になります。企画・立案に最適な時期であり、受験生にとっては集中的に勉強し能率が上がる時期です。低調期は知力が不安定なので、頭を酷使せずに資料の整理などで脳を休めてください。また、ど忘れやヘマやポカに注意しましょう。

3つのリズムの共通の見方

さて、つぎに、3つの各リズムの見方について説明しましょう。基線0《ゼロ》より上にある1周期前半の時期は〝プラス期〟といって高調期を示します。基線0より下にある一周期後半の時期は〝マイナス期〟といって低調期を示します。

〝プラス期〟は活動期なので、積極的に活動してよい期間です。〝マイナス期〟は休息期なので、無理をせず何ごとも控《ひか》えめにしたほうがよい期間です。

また、プラス期とマイナス期の転換する〝境い目の日〟(○印の日)は〝要注意日〟といい、もっとも不調な日です。つまり、ヘマやポカ、事故などが起こりやすい日なのです。この要注意日は2日にわたることもあります。

73〜75ページに、3つの各リズムのグラフがありますので、ご参照ください。

では、この3つのリズムが、オギャーと生まれたときにスタートして、各周期がふたたびスタート地点に戻ることがあるのでしょうか。

実は、なんと、58年と約66日(閏《うるう》年は約67日)かかってスタート地点に戻るのです。これは、日本でいえばほぼ還暦、まさに人生再スタートのときにあたります。

身体リズムの周期は23日

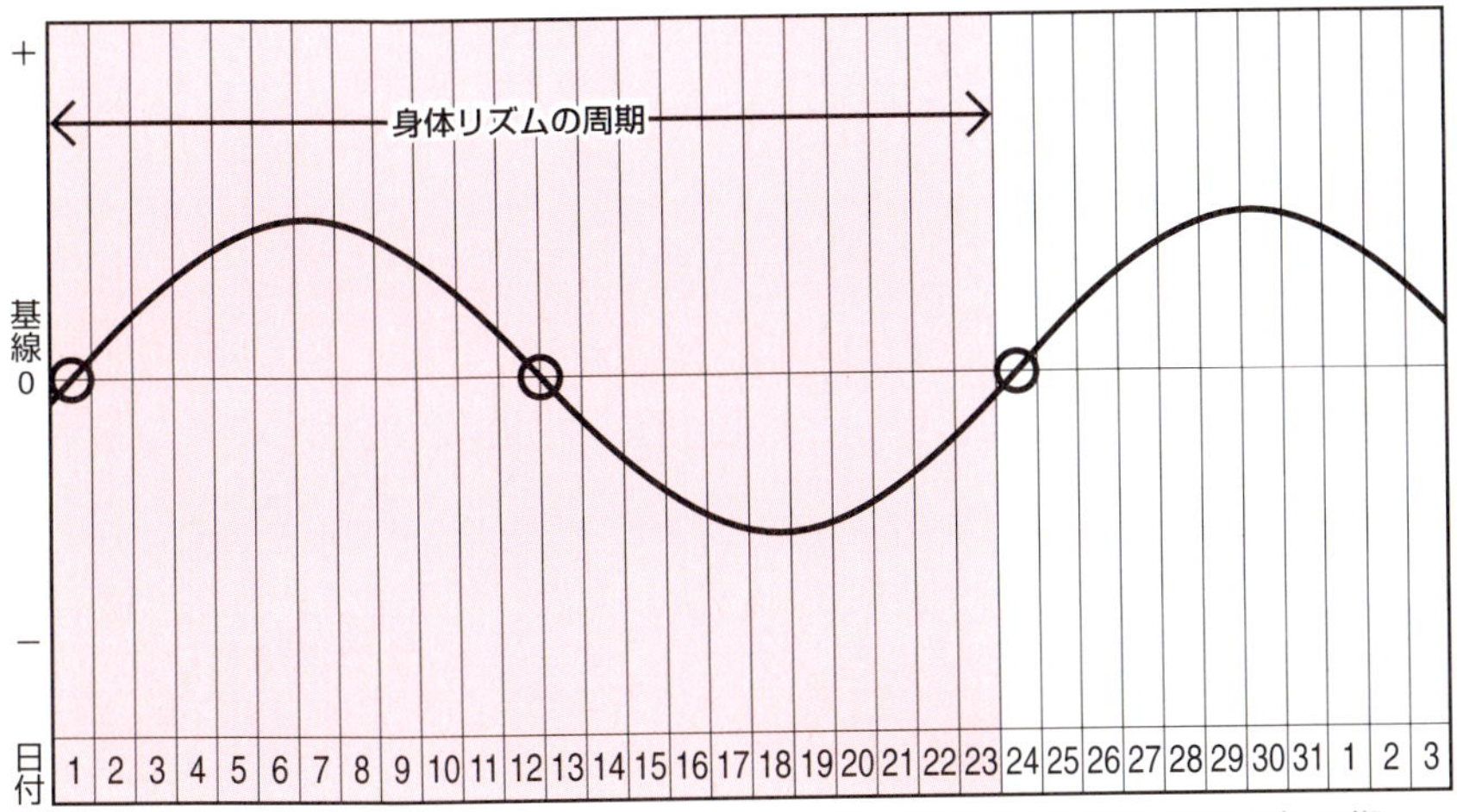

注：2日めから11日めまでがプラス期、
14日めから23日めまでがマイナス期。
○印は要注意日（移行期）

身体リズム（P＝Physical）……スタミナ、体力、抵抗力の高・不調を示す。23日周期

リズムの状態		特徴と活用のポイント
＋	高調期 スタミナ充実	スポーツ、競技、強化訓練、スタミナ（体力）を使うことに適す。旅行、ドライブ、行動力、耐久力、外科手術に良い時期。
O	要注意日 体調　不安定	風邪、頭痛、下痢など、病気にかかりやすい。病状の悪化、持病の発作などを起こしやすい。ケガをしやすい。悪酔いをしやすい。疲れやすい。動作がにぶりやすい。運転事故に注意。
−	低調期 スタミナ欠乏	体力を調整し、過労をふせぐ時期。休養に心がける（平凡に過ごす）。暴飲、暴食をつつしみ体力の回復に努める。睡眠不足に注意。休憩をとりながらの作業を。

感情リズムの周期は28日

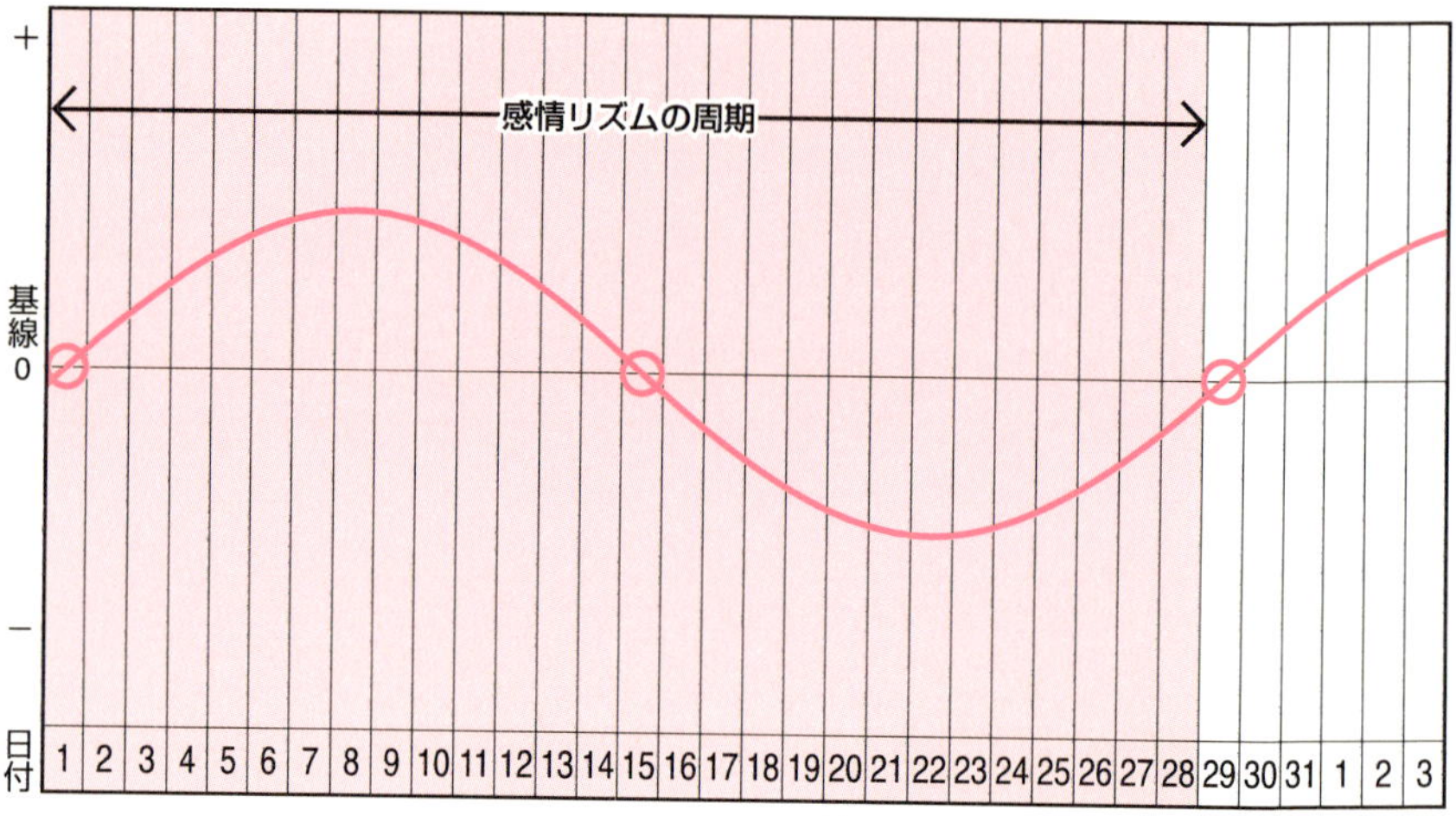

注：2日めから14日めまでがプラス期、
16日めから28日めまでがマイナス期。
○印は要注意日(移行期)

感情リズム(S＝Sensivity)……ムード、感情、直感、共同意識、安全性、精神力の高・不調を示す。28日周期

リズムの状態		特徴と活用のポイント
＋	高調期 気力が旺盛	感情面、精神面が安定。会議、ミーティング、講演に適す。チームワークのいる仕事、遊びやゲームに適す。デート、訪問、共同作業に良い。気分、直感、感受性も良い。
0	要注意日 感情 不安定	感情や神経が不安定。いらいらしやすい日。失言、放言、口論、立腹しやすい。勝負ごとは避ける。心臓発作、卒中に注意。安全運転に徹する(事故注意)。冷静に行動。
－	低調期 気力が減退	対人関係や勝負ごとは慎重に(深入りしない)。消極的になりやすい時期。長時間、根をつめない(休憩をとる)。気持ちをゆったりと平凡に過ごす。気分転換をはかる。

知性リズムの周期は33日

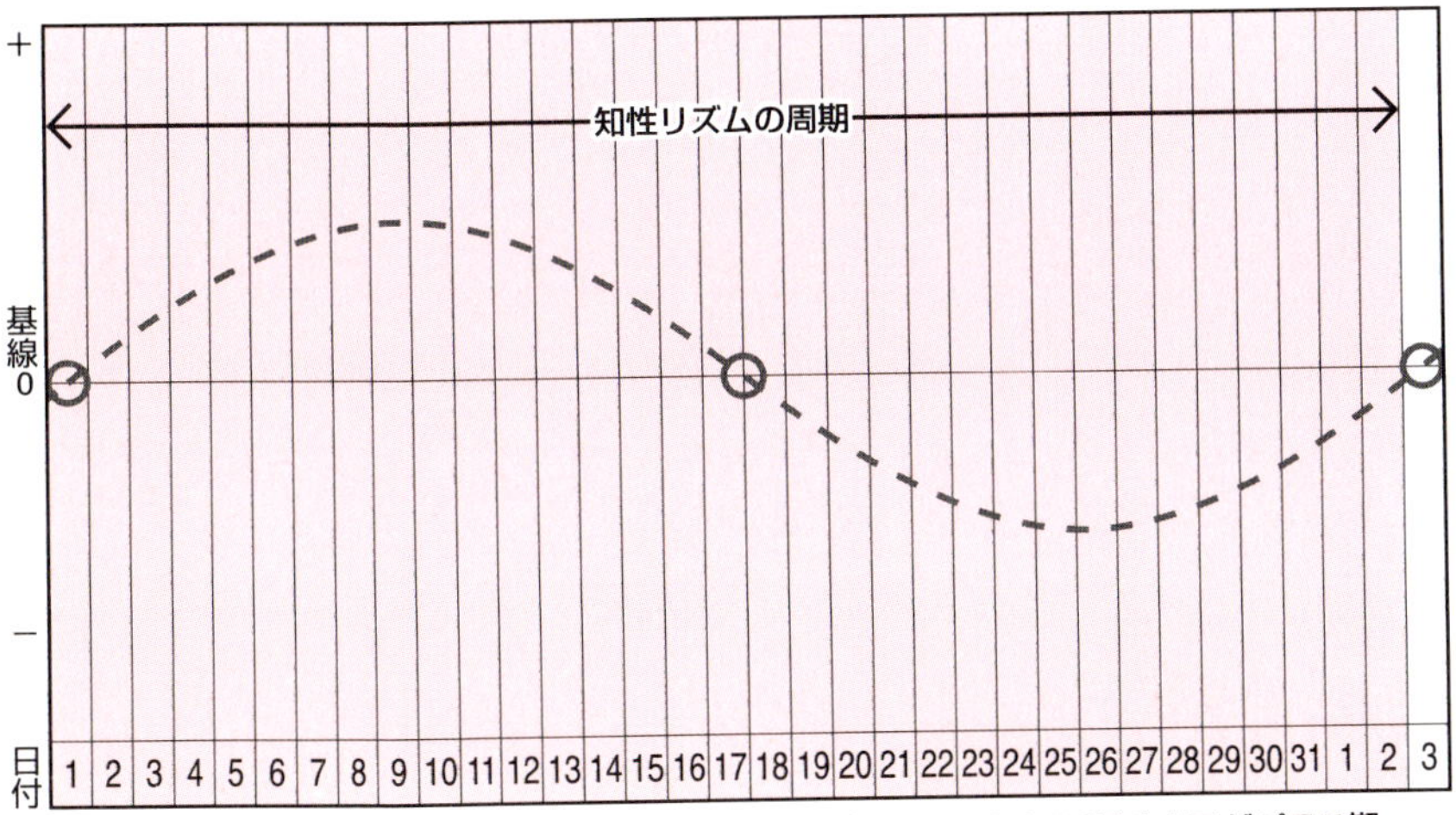

注：2日めから16日めまでがプラス期、
19日めから33日めまでがマイナス期。
○印は要注意日（移行期）

知性リズム（I＝Intellectual）……知力、思考力、判断力、集中力、記憶力の高・不調を示す。33日周期

リズムの状態		特徴と活用のポイント
＋	高調期 思考力好調	知力、思考力、記憶力、分析力、論理力、判断力、集中力が旺盛。企画立案、政策検討、方針決定、重要な判断に適した時期。研究、学習（不得手な学科）に適す。
O	要注意日 知力 不安定	思考力、記憶力、注意力、判断力、集中力がにぶりやすい。カンが衰え、物忘れしやすい。ヘマやポカに注意。運転事故（わき見運転、ぼんやり運転、追突等）に注意。
−	低調期 思考力減退	頭の酷使を避け、資料集めや、データ整理に良い時期。知力を長時間使う時は休憩をとりながら。人の話をよく聞く、確認する。学生は復習、ノート整理を。

ときにバイオリズムが狂っても「体内時計」で修正されます

バイオリズムの理論には、ふたつの大きな原則があります。

ひとつは、身体、感情、知性の3つのリズムは、人間が生まれると同時にスタートするということ。そしてもうひとつは、身体リズムの23日、感情リズの28日、知性リズムの33日という周期は、死ぬまで繰り返されるということです。

さて、ここで問題です。死ぬまで繰り返されるといっても、徹夜がつづいて何十時間も寝なかったり、洞窟のようなところで何日も生活するなど、イレギュラーな行動がつづいたら、バイオリズムはどうなるのでしょう?

答――バイオリズムは狂います。しかし、狂いっぱなしではありません。狂ってそのまま周期がずれていくのかというと、そうではないのです。

この章のはじめでお話したように、生物の体には、ある一定のリズムがあります。いわゆる〝体内時計〟というものです。その時計は意識的にコントロールされるものではなく、無意識のうちに一定の周期をもって刻まれていきます。たとえば朝から夜までの24時間とか、女性の月経周期に見られるような約1カ月の周期などです。この体内時計は(賢いことに!)地球が太陽のまわりを365・25日かけて1周するリズムがくずれない限り正確に動きます。つまり、もとに戻ってくれるのです。

太陽系のなかに、ほんのちっぽけな地球があり、さらにその地球のなかに細菌みたいに小さな人間がいるわけです。こういう観点からいけば、太陽のまわりを一定の大きなリズムでまわっていると、地球の中にあるバイ菌のように小さな人間のリズムなどはちゃんともとに戻るよう、軌道修正されるようなのです。

つまり体内時計には、いったん狂っても、戻ろう戻ろうとする機能があり、それは地球が太陽のまわりを365・25日でまわらなくなるような超自然破壊がない限り守られているのです。したがって、徹夜などはもちろんのこと、洞窟に入って無時間生活を体験した学者が100日以上もたって地上に上がってきても、体内時計は軌道修正され、バイオリズムももとどおりの波を描きはじめるのです。

生まれてくる子供の性別と母親のバイオリズムとの関係

さて、ドイツやオーストリアでいまから約100年前に発見された〝バイオリズム〟が、日本で一般に知られるようになったのは、いつごろなのでしょうか。

私の知るところでは、それは1964年の『中央公論』12月号に掲載された〈バイオリズムは人生を変える〉の記事が最初のようです。

アメリカのエバン・ジュロという人が書いた論文を抄訳したもので、この記事が紹介されてから、日本でもたびたびバイオリズムという文字を目にするようになりました。

そして、私がバイオリズムを研究するようになって最初に出会った専門書は、日本バイオリズム協会が1971年に発行した『バイオリズムの基礎』(G・S・トーメン著、白井勇治郎訳)です。この本を、仕事のかたわら夢中になって読み、研究し、実践し、そして現在に至ったというわけです。ところで前述のエバン・ジュロですが、彼は〝正常な妊娠である限り、出産日を正確に予言できるし、それどころか、生まれてくる子供が男か女かということもかなり正確にいい当てられる〟といっています(『ツキを呼ぶ科学』田多井吉之介著、東京スポーツ新聞社発行より)。

エバン・ジュロの理論は、第1章でお話したバイオリズムの理論(29ページ参照)や女性の懐妊期間(一般的に約280日といわれています)について知っていれば、みなさんにも理解できることでしょう。

ところで、子供が生まれたあとで、受胎したときの母親のバイオリズムはどうだったのかという例に、しばしばイギリス王室のマーガレット王女の出産が紹介されます。

王女は、1961年11月3日に男の子(デヴィッド・リンレー伯爵)を出産しました。王女の誕生日は1930年8月21日。出産した11月3日から懐妊期間の280日をひきますと、妊娠推定日は1月24日～25日のあいだで、その時期に受胎したと想定されます。

そして、そのときの王女のバイオリズム（84ページでバイオリズム・カレンダーのつくりかたを説明します）を調べればよいのです。

1月24日、王女のバイオリズムは身体リズムがプラスで、感情リズムがマイナスになっていました。つまり、男の子が生まれる可能性の高い時期にあったのです。

マーガレット王女の場合、第2子の女の子も同様に、バイオリズムの理論と合致した時期に受胎していると紹介されています。

さて、みなさんも、あなたのお子さんの〝性別〟と自分の妊娠推定日のバイオリズムとが合致しているかどうか、付録のバイオリズム・シールを使って確かめてみてはいかがですか？

バイオリズム・カレンダーが教えてくれる〝産み分け可能日〟

ところで、私はこれまでに約3200人の方の産み分け指導をしてきました。どんなことをしているのかを、ここで簡単に紹介しておきましょう。

私が相談を受けますと、まず産み分けを希望している女性の生年月日を聞いて、6カ月分のバイオリズム・カレンダーをつくります。そのあいだに、ご本人には毎朝基礎体温（約3カ月間）をつけてもらいます。基礎体温表を見れば、より正確に排卵日をつかむことができるからです。

「私は、生理が決まった周期で、しかも生理日数はいつもおなじだから、基礎体温を計らなくても排卵日の予想なんて簡単よ」と自信をもっている方にも、より確実な産み分けのために基礎体温をつけることをおすすめしています。慎重な方だと1年間くらいつけているようです。

さて、6カ月分のバイオリズム・カレンダーができあがると、男の子または女の子が生まれ

マーガレット王女もバイオリズムどおりに王子を誕生！

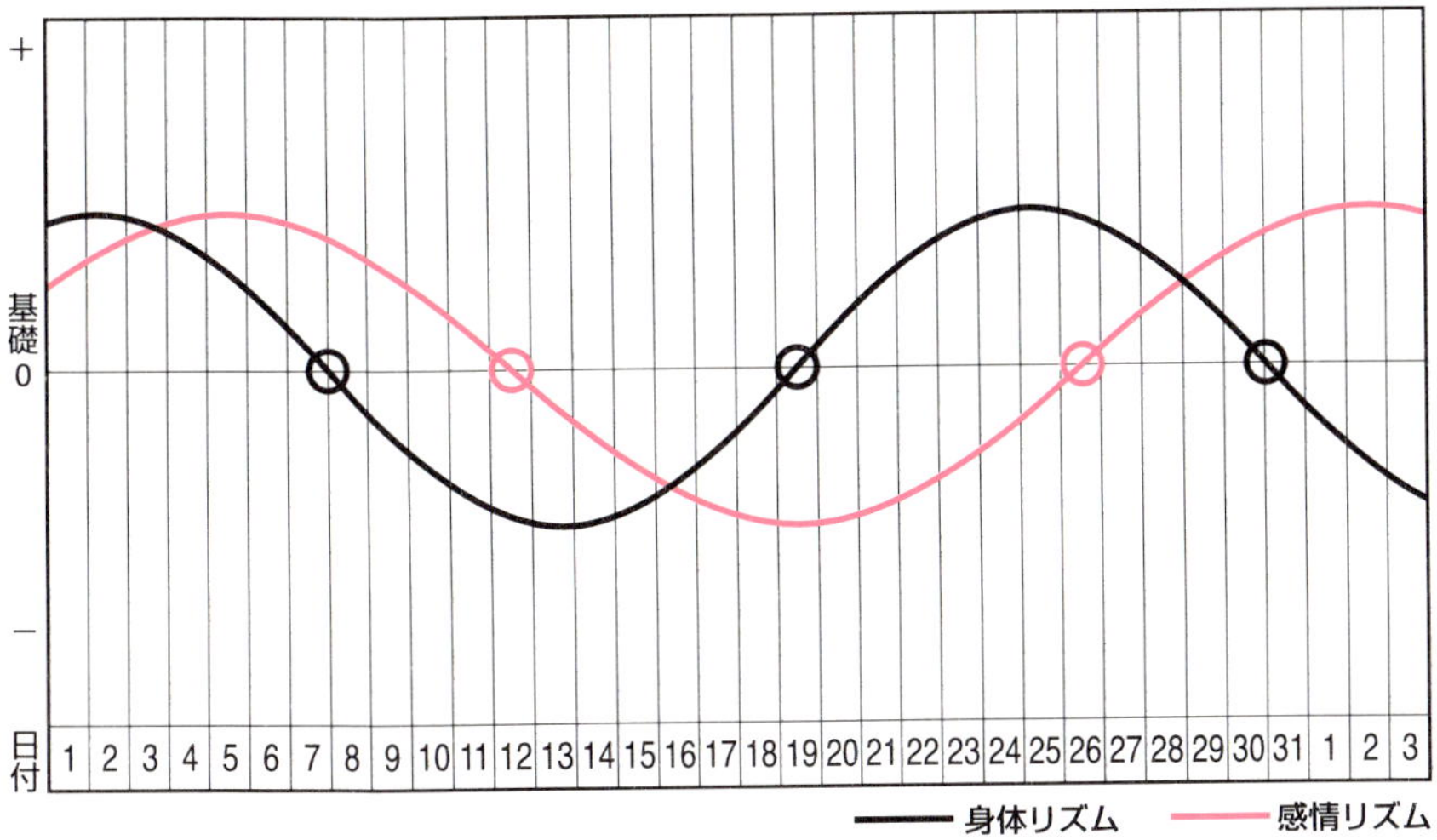

王子を受胎したと予想される1961年1月のマーガレット王女のバイオリズム・カレンダー。
予想受胎日の1月24日～25日は、身体リズムがプラス、感情リズムがマイナスを示している。

る可能性の高い〃産み分け可能日〃に赤枠をつけます。そしてつぎに、ご自分でそのカレンダーに排卵予想日を記入してもらいます。さあ、産み分け可能日と排卵予想日が一致する日は何回あるでしょうか?

その他の指導要領は、バイオリズム・カレンダーといっしょにお送りする『スリーステップ方式』の資料に説明してあります。

そして、これ以後は資料を参考に、あなたとご主人との実践へと進むのです!

「シェトルズ博士の理論」+「バイオリズム理論」=「スリーステップ方式」

さて、バイオリズムの歴史と理論がおわかりいただけたところで、つぎに、〃男女産み分けの父〃ともいわれるアメリカのシェトルズ博士の研究についてお話しましょう。

「ふたつの形をもった人間の精子の発見!

――まったく異なる2種類の精子が発見されたが、それは性別決定に関する研究の新しい手がかりとなるかもしれない」

という記事が1960年6月5日付けの『ニューヨーク・タイムズ』に掲載されました。発見したのは、当時、コロンビア大学産婦人科臨床助教授であったランドラム・B・シェトルズ博士です。

博士は、精子を顕微鏡で観察しているときに、精子には男をつくる精子と、女をつくる精子があり、それぞれの形や大きさが異なることを発見したのです。

博士の研究はそれだけではありません。

ふたつの精子のうち、女の子をつくる精子は酸性に強く、男の子をつくる精子はアルカリ性に強いこと、また、重さや勢い、そして寿命も異なるなどの研究成果をあげ、ついに〃男女産み分けの方法〃を発表したのです。

それまでにも、膣内を酸性あるいはアルカリ性にして、男女の産み分けに成功した例もありましたが、それはあくまでも〃経験〃をもとにして成功していただけで、〃科学〃とはいえませんでした。シェトルズ博士の研究発表以後、性別事前選択(男女の産み分け)には科学的な裏づけが

“産み分け可能日”に排卵予想日が一致するかどうかがカギ

あるとして、何人かの博士たちが発表を行なっています。

私の考案した『スリーステップ方式』の背景にも、このシェトルズ理論があります。

《ステップ①》「バイオリズムの活用」では、女性の身体リズムがプラス期で感情リズムがマイナス期の膣内はアルカリ度が高く、反対に、身体リズムがマイナス期で感情リズムがプラス期のときは膣内は酸性度が高いので、前者は男の子、後者は女の子が生まれる可能性が高いという点です。

いうなれば、バイオリズムのリズムパターン（身体リズムと感情リズムの組み合わせ）がわかれば、男性因子をもった精子、または、女性因子をもった精子を受け入れやすくなっている体調（コンディション）の時期がわかるわけです。

ところで、《ステップ②》にはもうひとつ大切な要素が含まれています。

それは、シェトルズ博士の男女産み分けの理論にも含まれていますが、〝排卵日はいつか〟ということです。

膣内が酸性かアルカリ性であることがわかっても、その時期が排卵日とどのように重なっているかが問題になります。

つぎの《ステップ②》「食事の管理」では、食品を選ぶことにより、精子を酸性に対して強く、あるいは、アルカリ性に対して強くします。また、膣内の酸性度やアルカリ度をコントロールして精子を迎えやすくするという効果を高めます。

そして《ステップ③》「セックスの方法」。こんなことまでがシェトルズ博士の理論に関係あるの？　と思われるかもしれませんが、実際に関係しているのです。

ここまで順を追ってお読みいただいた方なら、もうおわかりでしょうが、女性の膣はとても敏感です。セックスをすることにより、ふだん酸性を保っている膣内がアルカリ性に変わるのです（オーガズムを感じると、子宮からアルカリ性の分泌液が出てくるため）。

さらに、このことは《ステップ①》のほうにも関係しますが、排卵日が近づいてくると膣内はアルカリ性に変わります。

というわけで、私の方式も大いにシェトルズ理論の恩恵をこうむってはいるのですが、『スリーステップ方式』のうちのほとんど（70パーセント）は、バイオリズムによる理論にもとづいています。いうなれば、〝はじめにバイオリズムがあった〟というわけです。いずれにしても、シェトルズ博士が発表した理論は多くの生殖学者、とりわけ男女の産み分けを研究する人たちにとって、〝男女産み分けが科学的に可能になった〟という朗報をもたらしたのです。

それでは、男女産み分けの父ともいえるシェトルズ博士の産み分け法とは、いったいどのような方法なのでしょうか。希望する性別に関係なく、項目を簡単にあげてみましょう。

- セックスのタイミングをはかる
- 排卵日がいつかをしっかりつかむ
- 食事の管理をする
- 男性が着用する衣服の制限（たとえば、窮屈《きゅうくつ》なショーツをはいていると精子の数が減少するので、女の子が生まれる可能性が高い）

●薬物の摂取（膣や子宮頚《けい》管の酸性度が高い状態のときは、ヨー化カリウムを飲むと薄くなる）
●セックスをする前に膣を洗う（水を加えた酢で洗うと酸性になる）
●その他、夫の職業やストレスなどでも性別が決まることがある（潜水にたずさわる職業の方の睾丸《こうがん》はつねに強い水圧を受けていて、それが精子を減らす原因になっているとか、ストレスの多い女性は酸性が強いなど……）

それまでは、ギリシャの哲人アリストテレスが「男の子がほしかったら北風が吹くときにセックスをしなさい」とか、「セックスのとき、夫婦のどちらか、積極的に行為をしたほうの性別の子供が生まれる」などといったことが、産み分けのための知恵として通用していたのですから、〝男女の性別を決めるのは精子である〟というシェトルズ博士の発見は世界じゅうに大センセーションを巻き起こしたのも無理はありません。

ステップ①バイオリズム・カレンダーで〝実行日〟を選定

バイオリズム・カレンダーは、こうしてつくります

それではいよいよ『スリーステップ方式』の内容についてお話しましょう。

《ステップ①》では、〝男女産み分けの実行日〟の選定に必要なバイオリズム・カレンダーのつくり方と、できあがったカレンダーに〝排卵予想日〟を記入していく方法を覚えましょう。

男女産み分けに必要なのは、女性のバイオリズム・カレンダーです。男性のバイオリズムや体調が、受胎や産み分けに関係がないとはいいきれませんが、それはほんの微々たるもの。それよりも、元気な精子を製造してくださいとここでは申し上げておきましょう。

というのは、いくら体調が絶好調でも、実行日を数日後に控《ひか》えて、何回もセックスしたというのでは、いくら元気な人でも精子の数が少なくなってしまうからです。

なお、さきほども話しましたが、産み分けに知性リズム（I）は関係ありません。しかし、バイオリズムが男女産み分けのほかにもいろいろな分野で活用されていることから、見本では知性リズムもあわせてつくってみることにしました。

では、さっそく奥様のバイオリズム・カレンダーをつくってみましょう。

数字がたくさん登場しますが、計算はむずかしくありません。だれにでもできる簡単な計算ですから、落ち着いて読み進めてください。

付録のシールと台紙でバイオリズム・カレンダーを作成

① あなたの生年月日から3つのリズムのガイド数を求めましょう

ガイド数というのは、身体リズム（P）、感情リズム（S）、知性リズム（I）、それぞれのリズムをあらわす曲線をひくために必要な基本となる数値のことをいいます。

たとえば、1975年1月7日生まれの女性の2003年1月から6月までのバイオリズム・カレンダーをつくってみましょう。

86～87ページに、生まれた年で見る数値表（A表）、88～89ページに生まれた月日で見る数値表（B表）、90～93ページに求める年月の数値表（C表）があります。身体リズム（P）、感情リズム（S）、知性リズム（I）のガイド数は、これらの表にある数字から求めるのです。

まずA表で、生まれた年（1975年）のP＝22、S＝12、I＝16を見ます。つぎに、B表から、生まれた月日（1月7日）のP＝18、S＝23、I＝28を見ます。そしてC表からは、求める年月（2003年1月～6月）のそれぞれのP、S、Iを見ます。

年　号	P	S	I
1988（昭和 63）	12	24	20
1989（平成 1）	14	22	17
1990（平成 2）	17	21	15
1991（平成 3）	20	20	13
1992（平成 4）	0	19	11
1993（平成 5）	2	17	8
1994（平成 6）	5	16	6
1995（平成 7）	8	15	4
1996（平成 8）	11	14	2
1997（平成 9）	13	12	32
1998（平成 10）	16	11	30
1999（平成 11）	19	10	28
2000（平成 12）	22	9	26
2001（平成 13）	1	7	23
2002（平成 14）	4	6	21
2003（平成 15）	7	5	19
2004（平成 16）	10	4	17
2005（平成 17）	12	2	14
2006（平成 18）	15	1	12
2007（平成 19）	18	0	10
2008（平成 20）	21	27	8
2009（平成 21）	0	25	5
2010（平成 22）	3	24	3
2011（平成 23）	6	23	1
2012（平成 24）	9	22	32
2013（平成 25）	11	20	29
2014（平成 26）	14	19	27
2015（平成 27）	17	18	25
2016（平成 28）	20	17	23

年　号	P	S	I
2017（平成 29）	22	15	20
2018（平成 30）	2	14	18
2019（平成 31）	5	13	16
2020（平成 32）	8	12	14
2021（平成 33）	10	10	11
2022（平成 34）	13	9	9
2023（平成 35）	16	8	7
2024（平成 36）	19	7	5
2025（平成 37）	21	5	2
2026（平成 38）	1	4	0
2027（平成 39）	4	3	31
2028（平成 40）	19	7	5
2029（平成 41）	21	5	2
2030（平成 42）	1	4	0
2031（平成 43）	4	3	31
2032（平成 44）	7	2	29
2033（平成 45）	9	0	26
2034（平成 46）	12	27	24
2035（平成 47）	15	26	22
2036（平成 48）	18	25	20
2037（平成 49）	20	23	17
2038（平成 50）	0	22	15
2039（平成 51）	3	21	13
2040（平成 52）	6	20	11
2041（平成 53）	8	18	8
2042（平成 54）	11	17	6
2043（平成 55）	14	16	4
2044（平成 56）	17	15	2
2045（平成 57）	19	13	32

年号・数値の地色が　　の年は、うるう年です。うるう年の3月～12月生まれの人は、本表の数値より1を引いてください。1月～2月生まれの人はそのままの数値を使います。
（ハンス・R・フリューのバイオリズム・ガイド数値表より）

生まれた西暦年でみる数値表（A表）

年号	P	S	I
1926（昭和 1）	2	17	27
1927（昭和 2）	5	16	25
1928（昭和 3）	8	15	23
1929（昭和 4）	10	13	20
1930（昭和 5）	13	12	18
1931（昭和 6）	16	11	16
1932（昭和 7）	19	10	14
1933（昭和 8）	21	8	11
1934（昭和 9）	1	7	9
1935（昭和 10）	4	6	7
1936（昭和 11）	7	5	5
1937（昭和 12）	9	3	2
1938（昭和 13）	12	2	0
1939（昭和 14）	15	1	31
1940（昭和 15）	18	0	29
1941（昭和 16）	20	26	26
1942（昭和 17）	0	25	24
1943（昭和 18）	3	24	22
1944（昭和 19）	6	23	20
1945（昭和 20）	8	21	17
1946（昭和 21）	11	20	15
1947（昭和 22）	14	19	13
1948（昭和 23）	17	18	11
1949（昭和 24）	19	16	8
1950（昭和 25）	22	15	6
1951（昭和 26）	2	14	4
1952（昭和 27）	5	13	2
1953（昭和 28）	7	11	32
1954（昭和 29）	10	10	30
1955（昭和 30）	13	9	28
1956（昭和 31）	16	8	26

年号	P	S	I
1957（昭和 32）	18	6	23
1958（昭和 33）	21	5	21
1959（昭和 34）	1	4	19
1960（昭和 35）	4	3	17
1961（昭和 36）	6	1	14
1962（昭和 37）	9	0	12
1963（昭和 38）	12	27	10
1964（昭和 39）	15	26	8
1965（昭和 40）	17	24	5
1966（昭和 41）	20	23	3
1967（昭和 42）	0	22	1
1968（昭和 43）	3	21	32
1969（昭和 44）	5	19	29
1970（昭和 45）	8	18	27
1971（昭和 46）	11	17	25
1972（昭和 47）	14	16	23
1973（昭和 48）	16	14	20
1974（昭和 49）	19	13	18
1975（昭和 50）	22	12	16
1976（昭和 51）	2	11	14
1977（昭和 52）	4	9	11
1978（昭和 53）	7	8	9
1979（昭和 54）	10	7	7
1980（昭和 55）	13	6	5
1981（昭和 56）	15	4	2
1982（昭和 57）	18	3	0
1983（昭和 58）	21	2	31
1984（昭和 59）	1	1	29
1985（昭和 60）	3	27	26
1986（昭和 61）	6	26	24
1987（昭和 62）	9	25	22

7月				8月				9月				10月				11月				12月			
日	P	S	I	日	P	S	I	日	P	S	I	日	P	S	I	日	P	S	I	日	P	S	I
1	4	16	18	1	19	13	20	1	11	10	22	1	4	8	25	1	19	5	27	1	12	3	30
2	3	15	17	2	18	12	19	2	10	9	21	2	3	7	24	2	18	4	26	2	11	2	29
3	2	14	16	3	17	11	18	3	9	8	20	3	2	6	23	3	17	3	25	3	10	1	28
4	1	13	15	4	16	10	17	4	8	7	19	4	1	5	22	4	16	2	24	4	9	0	27
5	0	12	14	5	15	9	16	5	7	6	18	5	0	4	21	5	15	1	23	5	8	27	26
6	22	11	13	6	14	8	15	6	6	5	17	6	22	3	20	6	14	0	22	6	7	26	25
7	21	10	12	7	13	7	14	7	5	4	16	7	21	2	19	7	13	27	21	7	6	25	24
8	20	9	11	8	12	6	13	8	4	3	15	8	20	1	18	8	12	26	20	8	5	24	23
9	19	8	10	9	11	5	12	9	3	2	14	9	19	0	17	9	11	25	19	9	4	23	22
10	18	7	9	10	10	4	11	10	2	1	13	10	18	27	16	10	10	24	18	10	3	22	21
11	17	6	8	11	9	3	10	11	1	0	12	11	17	26	15	11	9	23	17	11	2	21	20
12	16	5	7	12	8	2	9	12	0	27	11	12	16	25	14	12	8	22	16	12	1	20	19
13	15	4	6	13	7	1	8	13	22	26	10	13	15	24	13	13	7	21	15	13	0	19	18
14	14	3	5	14	6	0	7	14	21	25	9	14	14	23	12	14	6	20	14	14	22	18	17
15	13	2	4	15	5	27	6	15	20	24	8	15	13	22	11	15	5	19	13	15	21	17	16
16	12	1	3	16	4	26	5	16	19	23	7	16	12	21	10	16	4	18	12	16	20	16	15
17	11	0	2	17	3	25	4	17	18	22	6	17	11	20	9	17	3	17	11	17	19	15	14
18	10	27	1	18	2	24	3	18	17	21	5	18	10	19	8	18	2	16	10	18	18	14	13
19	9	26	0	19	1	23	2	19	16	20	4	19	9	18	7	19	1	15	9	19	17	13	12
20	8	25	32	20	0	22	1	20	15	19	3	20	8	17	6	20	0	14	8	20	16	12	11
21	7	24	31	21	22	21	0	21	14	18	2	21	7	16	5	21	22	13	7	21	15	11	10
22	6	23	30	22	21	20	32	22	13	17	1	22	6	15	4	22	21	12	6	22	14	10	9
23	5	22	29	23	20	19	31	23	12	16	0	23	5	14	3	23	20	11	5	23	13	9	8
24	4	21	28	24	19	18	30	24	11	15	32	24	4	13	2	24	19	10	4	24	12	8	7
25	3	20	27	25	18	17	29	25	10	14	31	25	3	12	1	25	18	9	3	25	11	7	6
26	2	19	26	26	17	16	28	26	9	13	30	26	2	11	0	26	17	8	2	26	10	6	5
27	1	18	25	27	16	15	27	27	8	12	29	27	1	10	32	27	16	7	1	27	9	5	4
28	0	17	24	28	15	14	26	28	7	11	28	28	0	9	31	28	15	6	0	28	8	4	3
29	22	16	23	29	14	13	25	29	6	10	27	29	22	8	30	29	14	5	32	29	7	3	2
30	21	15	22	30	13	12	24	30	5	9	26	30	21	7	29	30	13	4	31	30	6	2	1
31	20	14	21	31	12	11	23					31	20	6	28					31	5	1	0

（ハンス・R・フリューのバイオリズム・ガイド数値表より）

生まれた月日でみる数値表（B表）

1月				2月				3月				4月				5月				6月			
日	P	S	I	日	P	S	I	日	P	S	I	日	P	S	I	日	P	S	I	日	P	S	I
1	1	1	1	1	16	26	3	1	11	26	8	1	3	23	10	1	19	21	13	1	11	18	15
2	0	0	0	2	15	25	2	2	10	25	7	2	2	22	9	2	18	20	12	2	10	17	14
3	22	27	32	3	14	24	1	3	9	24	6	3	1	21	8	3	17	19	11	3	9	16	13
4	21	26	31	4	13	23	0	4	8	23	5	4	0	20	7	4	16	18	10	4	8	15	12
5	20	25	30	5	12	22	32	5	7	22	4	5	22	19	6	5	15	17	9	5	7	14	11
6	19	24	29	6	11	21	31	6	6	21	3	6	21	18	5	6	14	16	8	6	6	13	10
7	18	23	28	7	10	20	30	7	5	20	2	7	20	17	4	7	13	15	7	7	5	12	9
8	17	22	27	8	9	19	29	8	4	19	1	8	19	16	3	8	12	14	6	8	4	11	8
9	16	21	26	9	8	18	28	9	3	18	0	9	18	15	2	9	11	13	5	9	3	10	7
10	15	20	25	10	7	17	27	10	2	17	32	10	17	14	1	10	10	12	4	10	2	9	6
11	14	19	24	11	6	16	26	11	1	16	31	11	16	13	0	11	9	11	3	11	1	8	5
12	13	18	23	12	5	15	25	12	0	15	30	12	15	12	32	12	8	10	2	12	0	7	4
13	12	17	22	13	4	14	24	13	22	14	29	13	14	11	31	13	7	9	1	13	22	6	3
14	11	16	21	14	3	13	23	14	21	13	28	14	13	10	30	14	6	8	0	14	21	5	2
15	10	15	20	15	2	12	22	15	20	12	27	15	12	9	29	15	5	7	32	15	20	4	1
16	9	14	19	16	1	11	21	16	19	11	26	16	11	8	28	16	4	6	31	16	19	3	0
17	8	13	18	17	0	10	20	17	18	10	25	17	10	7	27	17	3	5	30	17	18	2	32
18	7	12	17	18	22	9	19	18	17	9	24	18	9	6	26	18	2	4	29	18	17	1	31
19	6	11	16	19	21	8	18	19	16	8	23	19	8	5	25	19	1	3	28	19	16	0	30
20	5	10	15	20	20	7	17	20	15	7	22	20	7	4	24	20	0	2	27	20	15	27	29
21	4	9	14	21	19	6	16	21	14	6	21	21	6	3	23	21	22	1	26	21	14	26	28
22	3	8	13	22	18	5	15	22	13	5	20	22	5	2	22	22	21	0	25	22	13	25	27
23	2	7	12	23	17	4	14	23	12	4	19	23	4	1	21	23	20	27	24	23	12	24	26
24	1	6	11	24	16	3	13	24	11	3	18	24	3	0	20	24	19	26	23	24	11	23	25
25	0	5	10	25	15	2	12	25	10	2	17	25	2	27	19	25	18	25	22	25	10	22	24
26	22	4	9	26	14	1	11	26	9	1	16	26	1	26	18	26	17	24	21	26	9	21	23
27	21	3	8	27	13	0	10	27	8	0	15	27	0	25	17	27	16	23	20	27	8	20	22
28	20	2	7	28	12	27	9	28	7	27	14	28	22	24	16	28	15	22	19	28	7	19	21
29	19	1	6	29	11	26	8	29	6	26	13	29	21	23	15	29	14	21	18	29	6	18	20
30	18	0	5					30	5	25	12	30	20	22	14	30	13	20	17	30	5	17	19
31	17	27	4					31	4	24	11					31	12	19	16				

2011(平23)

月	P	S	I
1	17	5	32
2	2	8	30
3	7	8	25
4	15	11	23
5	22	13	20
6	7	16	18
7	14	18	15
8	22	21	13
9	7	24	11
10	14	26	8
11	22	1	6
12	6	3	3

2012(平24)

月	P	S	I
1	14	6	1
2	22	9	32
3	5	10	28
4	13	13	26
5	20	15	23
6	5	18	21
7	12	20	18
8	20	23	16
9	5	26	14
10	12	0	11
11	20	3	9
12	4	5	6

2013(平25)

月	P	S	I
1	12	8	4
2	20	11	2
3	2	11	30
4	10	14	28
5	17	16	25
6	2	19	23
7	9	21	20
8	17	24	18
9	2	27	16
10	9	1	13
11	17	4	11
12	1	6	8

2014(平26)

月	P	S	I
1	9	9	6
2	17	12	4
3	22	12	32
4	7	15	30
5	14	17	27
6	22	20	25
7	6	22	22
8	14	25	20
9	22	0	18
10	6	2	15
11	14	5	13
12	21	7	10

2015(平27)

月	P	S	I
1	6	10	8
2	14	13	6
3	19	13	1
4	4	16	32
5	11	18	29
6	19	21	27
7	3	23	24
8	11	26	22
9	19	1	20
10	3	3	17
11	11	6	15
12	18	8	12

2016(平28)

月	P	S	I
1	3	11	10
2	11	14	8
3	17	15	4
4	2	18	2
5	9	20	32
6	17	23	30
7	1	25	27
8	9	0	25
9	17	3	23
10	1	5	20
11	9	8	18
12	16	10	15

2017(平29)

月	P	S	I
1	1	13	13
2	9	16	11
3	14	16	6
4	22	19	4
5	6	21	1
6	14	24	32
7	21	26	29
8	6	1	27
9	14	4	25
10	21	6	22
11	6	9	20
12	13	11	17

2018(平30)

月	P	S	I
1	21	14	15
2	6	17	13
3	11	17	8
4	19	20	6
5	3	22	3
6	11	25	1
7	18	27	31
8	3	2	29
9	11	5	27
10	18	7	24
11	3	10	22
12	10	12	19

2019(平31)

月	P	S	I
1	18	15	17
2	3	18	15
3	8	18	10
4	16	21	8
5	0	23	5
6	8	26	3
7	15	0	0
8	0	3	31
9	8	6	29
10	15	8	26
11	0	11	24
12	7	13	21

2020(平32)

月	P	S	I
1	15	16	19
2	0	19	17
3	6	20	13
4	14	23	11
5	21	25	8
6	6	0	6
7	13	2	3
8	21	5	1
9	6	8	32
10	13	10	29
11	21	13	27
12	5	15	24

（ハンス・R・フリューのバイオリズム・ガイド数値表より）

バイオリズムを知りたい年月の数値表（C表）

2001（平13）

月	P	S	I
1	22	21	10
2	7	24	8
3	12	24	3
4	20	27	1
5	4	1	31
6	12	4	29
7	19	6	26
8	4	9	24
9	12	12	22
10	19	14	19
11	4	17	17
12	11	19	14

2002（平14）

月	P	S	I
1	19	22	12
2	4	25	10
3	9	25	5
4	17	0	3
5	1	2	0
6	9	5	31
7	16	7	28
8	1	10	26
9	9	13	24
10	16	15	21
11	1	18	19
12	8	20	16

2003（平15）

月	P	S	I
1	16	23	14
2	1	26	12
3	6	26	7
4	14	1	5
5	21	3	2
6	6	6	0
7	13	8	30
8	21	11	28
9	6	14	26
10	13	16	23
11	21	19	21
12	5	21	18

2004（平16）

月	P	S	I
1	13	24	16
2	21	27	14
3	4	0	10
4	12	3	8
5	19	5	5
6	4	8	3
7	11	10	0
8	19	13	31
9	4	16	29
10	11	18	26
11	19	21	24
12	3	23	21

2005（平17）

月	P	S	I
1	11	26	19
2	19	1	17
3	1	1	12
4	9	4	10
5	16	6	7
6	1	9	5
7	8	11	2
8	16	14	0
9	1	17	31
10	8	19	28
11	16	22	26
12	0	24	23

2006（平18）

月	P	S	I
1	8	27	21
2	16	2	19
3	21	2	14
4	6	5	12
5	13	7	9
6	21	10	7
7	5	12	4
8	13	15	2
9	21	18	0
10	5	20	30
11	13	23	28
12	20	25	25

2007（平19）

月	P	S	I
1	5	0	23
2	13	3	21
3	18	3	16
4	3	6	14
5	10	8	11
6	18	11	9
7	2	13	6
8	10	16	4
9	18	19	2
10	2	21	32
11	10	24	30
12	17	26	27

2008（平20）

月	P	S	I
1	2	1	25
2	10	4	23
3	16	5	19
4	1	8	17
5	8	10	14
6	16	13	12
7	0	15	9
8	8	18	7
9	16	21	5
10	0	23	2
11	8	26	0
12	15	0	30

2009（平21）

月	P	S	I
1	0	3	28
2	8	6	26
3	13	6	21
4	21	9	19
5	5	11	16
6	13	14	14
7	20	16	11
8	5	19	9
9	13	22	7
10	20	24	4
11	5	27	2
12	12	1	32

2010（平22）

月	P	S	I
1	20	4	30
2	5	7	28
3	10	7	23
4	18	10	21
5	2	12	18
6	10	15	16
7	17	17	13
8	2	20	11
9	10	23	9
10	17	25	6
11	2	0	4
12	9	2	1

2031（平43）

月	P	S	I
1	8	2	11
2	16	5	9
3	21	5	4
4	6	8	2
5	13	10	32
6	21	13	30
7	5	15	27
8	13	18	25
9	21	21	23
10	5	23	20
11	13	26	18
12	20	0	15

2032（平44）

月	P	S	I
1	5	3	13
2	13	6	11
3	19	7	7
4	4	10	5
5	11	12	2
6	19	15	0
7	3	17	30
8	11	20	28
9	19	23	26
10	3	25	23
11	11	0	21
12	18	2	18

2033（平45）

月	P	S	I
1	3	5	16
2	11	8	14
3	16	8	9
4	1	11	7
5	8	13	4
6	16	16	2
7	0	18	32
8	8	21	30
9	16	24	28
10	0	26	25
11	8	1	23
12	15	3	20

2034（平46）

月	P	S	I
1	0	6	18
2	8	9	16
3	13	9	11
4	21	12	9
5	5	14	6
6	13	17	4
7	20	19	1
8	5	22	32
9	13	25	30
10	20	27	27
11	5	2	25
12	12	4	22

2035（平47）

月	P	S	I
1	20	7	20
2	5	10	18
3	10	10	13
4	18	13	11
5	2	15	8
6	10	18	6
7	17	20	3
8	2	23	1
9	10	26	32
10	17	0	29
11	2	3	27
12	9	5	24

2036（平48）

月	P	S	I
1	17	8	22
2	2	11	20
3	8	12	16
4	16	15	14
5	0	17	11
6	8	20	9
7	15	22	6
8	0	25	4
9	8	0	2
10	15	2	32
11	0	5	30
12	7	7	27

2037（平49）

月	P	S	I
1	15	10	25
2	0	13	23
3	5	13	18
4	13	16	16
5	20	18	13
6	5	21	11
7	12	23	8
8	20	26	6
9	5	1	4
10	12	3	1
11	20	6	32
12	4	8	29

2038（平50）

月	P	S	I
1	12	11	27
2	20	14	25
3	2	14	20
4	10	17	18
5	17	19	15
6	2	22	13
7	9	24	10
8	17	27	8
9	2	2	6
10	9	4	3
11	17	7	1
12	1	9	31

2039（平51）

月	P	S	I
1	9	12	29
2	17	15	27
3	22	15	22
4	7	18	20
5	14	20	17
6	22	23	15
7	6	25	12
8	14	0	10
9	22	3	8
10	6	5	5
11	14	8	3
12	21	10	0

2040（平52）

月	P	S	I
1	6	13	31
2	14	16	29
3	20	17	25
4	5	20	23
5	12	22	20
6	20	25	18
7	4	27	15
8	12	2	13
9	20	5	11
10	4	7	8
11	12	10	6
12	19	12	3

（ハンス・R・フリューのバイオリズム・ガイド数値表より）

バイオリズムを知りたい年月の数値表（C表）

2021(平33)				2022(平34)				2023(平35)				2024(平36)				2025(平37)			
月	P	S	I	月	P	S	I	月	P	S	I	月	P	S	I	月	P	S	I
1	13	18	22	1	10	19	24	1	7	20	26	1	4	21	28	1	2	23	31
2	21	21	20	2	18	22	22	2	15	23	24	2	12	24	26	2	10	26	29
3	3	21	15	3	0	22	17	3	20	23	19	3	18	25	22	3	15	26	24
4	11	24	13	4	8	25	15	4	5	26	17	4	3	0	20	4	0	1	22
5	18	26	10	5	15	27	12	5	12	0	14	5	10	2	17	5	7	3	19
6	3	1	8	6	0	2	10	6	20	3	12	6	18	5	15	6	15	6	17
7	10	3	5	7	7	4	7	7	4	5	9	7	2	7	12	7	22	8	14
8	18	6	3	8	15	7	5	8	12	8	7	8	10	10	10	8	7	11	12
9	3	9	1	9	0	10	3	9	20	11	5	9	18	13	8	9	15	14	10
10	10	11	31	10	7	12	0	10	4	13	2	10	2	15	5	10	22	16	7
11	18	14	29	11	15	15	31	11	12	16	0	11	10	18	3	11	7	19	5
12	2	16	26	12	22	17	28	12	19	18	30	12	17	20	0	12	14	21	2

2026(平38)				2027(平39)				2028(平40)				2029(平41)				2030(平42)			
月	P	S	I	月	P	S	I	月	P	S	I	月	P	S	I	月	P	S	I
1	22	24	0	1	19	25	2	1	16	26	4	1	14	0	7	1	11	1	9
2	7	27	31	2	4	0	0	2	1	1	2	2	22	3	5	2	19	4	7
3	12	27	26	3	9	0	28	3	7	2	31	3	4	3	0	3	1	4	2
4	20	2	24	4	17	3	26	4	15	5	29	4	12	6	31	4	9	7	0
5	4	4	21	5	1	5	23	5	22	7	26	5	19	8	28	5	16	9	30
6	12	7	19	6	9	8	21	6	7	10	24	6	4	11	26	6	1	12	28
7	19	9	16	7	16	10	18	7	14	12	21	7	11	13	23	7	8	14	25
8	4	12	14	8	1	13	16	8	22	15	19	8	19	16	21	8	16	17	23
9	12	15	12	9	9	16	14	9	7	18	17	9	4	19	19	9	1	20	21
10	19	17	9	10	16	18	11	10	14	20	14	10	11	21	16	10	8	22	18
11	4	20	7	11	1	21	9	11	22	23	12	11	19	24	14	11	16	25	16
12	11	22	4	12	8	23	6	12	6	25	9	12	3	26	11	12	0	27	13

1月はP＝16、S＝23、I＝14、2月はP＝1、S＝26、I＝12、3月はP＝6、S＝26、I＝7、4月はP＝14、S＝1、I＝5、5月はP＝21、S＝3、I＝2、6月はP＝6、S＝6、I＝0ですね。

半年間の数字を書き出しますので、混乱しないようにきれいに写してください。

それでは、95ページを参照しながら、計算してみましょう。とても簡単です。

初めに、A表、B表、C表から拾い出した数字をP、S、Iごとに足算をします。つぎに、その合計から各周期の基本数値（P＝23日、S＝28日、I＝33日）を引きます。

このとき、基本数値のほうが大きくて引けない場合は、もとの数字のままで。また、2度以上引ける場合は、引ける回数だけ引き、基本数値の数より大きくならないようにします。

たとえば、1月のPの合計は56ですから、〈56－(23×2回)＝10〉、Sの合計は58ですから、〈58－(28×2回)＝2〉、そしてIの合計は58ですから、〈58－33＝25〉となります。これら10、2、25が、3つのリズムのガイド数となります。

ところで、本書には付録としてバイオリズム・カード（台紙）と、リズム周期を表わす波線を印刷した3種類のバイオリズム・シールがついてますので、さっそくつくってみてください。

なお、産み分けには、最低6カ月分のバイオリズム・カレンダーが必要ですので、まとめてつくっておきましょう。もし枚数がたりなくなったら、ていねいに書き写すか、またはコピーしたものを使ってください。

② 各リズムのバイオリズム・シールを切り取りましょう

①で求めたガイド数の位置のところで、曲線のグラフを切り取ります。

身体リズムは〝10〟、感情リズムは〝2〟、知性リズムは〝25〟の数字のラインのところを切り取ります。

③ バイオリズム・シールを台紙に貼りましょう

切り取ったバイオリズム・シールの左端を、月別にバイオリズム・カード（台紙）の左端（日付

バイオリズムのガイド数の計算方法

（例1）A子さん（1975年1月7日生まれ）の2003年1月のガイド数

	P	S	I
① A表の1975年を見る	22	12	16
② B表の1月7日を見る	18	23	28
③ C表の2003年1月を見る	16	23	14
④ P、S、I、各周期の数値を合計する	56	58	58
⑤ ④で求めた数値から各周期の基本数値を引く（引けないときはそのまま、引けるときは2回引く）	−(23	28	33)
⑥ ⑤で求めた数値がガイド数となる	10	2	25

（例2）A子さんの2003年5月のガイド数

	P	S	I
① A表の1975年を見る	22	12	16
② B表の1月7日を見る	18	23	28
③ C表の2003年5月を見る	21	3	2
④ P、S、I、各周期の数値を合計する	61	38	46
⑤ ④で求めた数値から各周期の基本数値を引く（引けないときはそのまま、引けるときは2回引く）	−(23	28	33)
⑥ ⑤で求めた数値がガイド数となる	15	10	13

注：基本数値のほうが多くて引けない場合は④で求めた数値をそのまま使い、2回以上引けるときは、引ける回数だけ引き、最終的にガイド数の方が基本数値より大きくならないようにする。

の一日《ついたち》の左側の線）と基線（中央の0の横線）とにきっちり合わせて貼っていきます。

バイオリズム・シールは、台紙に重ねて貼れるように透明な紙にプリントされています。

こうして三つのリズムのシールをそれぞれ台紙に貼り終わった完成図の見本が、97ページ〜99ページにありますのでご覧ください。また、100ページの「カレンダーの一般的な見方」も参考にしてください。

なお、貼るときの注意ですが、たびたび述べているように、産み分けに知性リズムは必要ありません。したがって、〝産み分け〟のためだけに使いたい方は、身体リズムと感情リズムのシールだけを貼ったほうがわかりやすいかもしれません。

カレンダーで〝産み分け可能日〟をピックアップします

もう一度97〜99ページのグラフを見てください。身体リズムがマイナス期で、感情リズムがプラス期のとき、または、身体リズムがプラス期で、感情リズムがマイナス期のときがありますか？

おわかりですね。前者（日付欄がピンクの地色の期間）が女の子、後者（日付欄がグレーの地色の期間）が男の子に生まれる確率が高い時期、つまり、〝産み分け可能日〟というわけです。

この例の場合、ピンクとグレーの地色の期間を注意しながら見ていくと、6カ月間に女の子については46日、男の子については39日の産み分けチャンス日（可能日）があることが、おわかりいただけたと思います。

さあ、これでバイオリズム・カレンダーができあがりました。しかし、まだ《ステップ①》は終わっていません。実行日を決める肝心の〝排卵予想日〟の記入が残っています。

A子さんの6ヵ月間のバイオリズム・カレンダー

2003年1月　ガイド数(P=10、S=2、I=25)

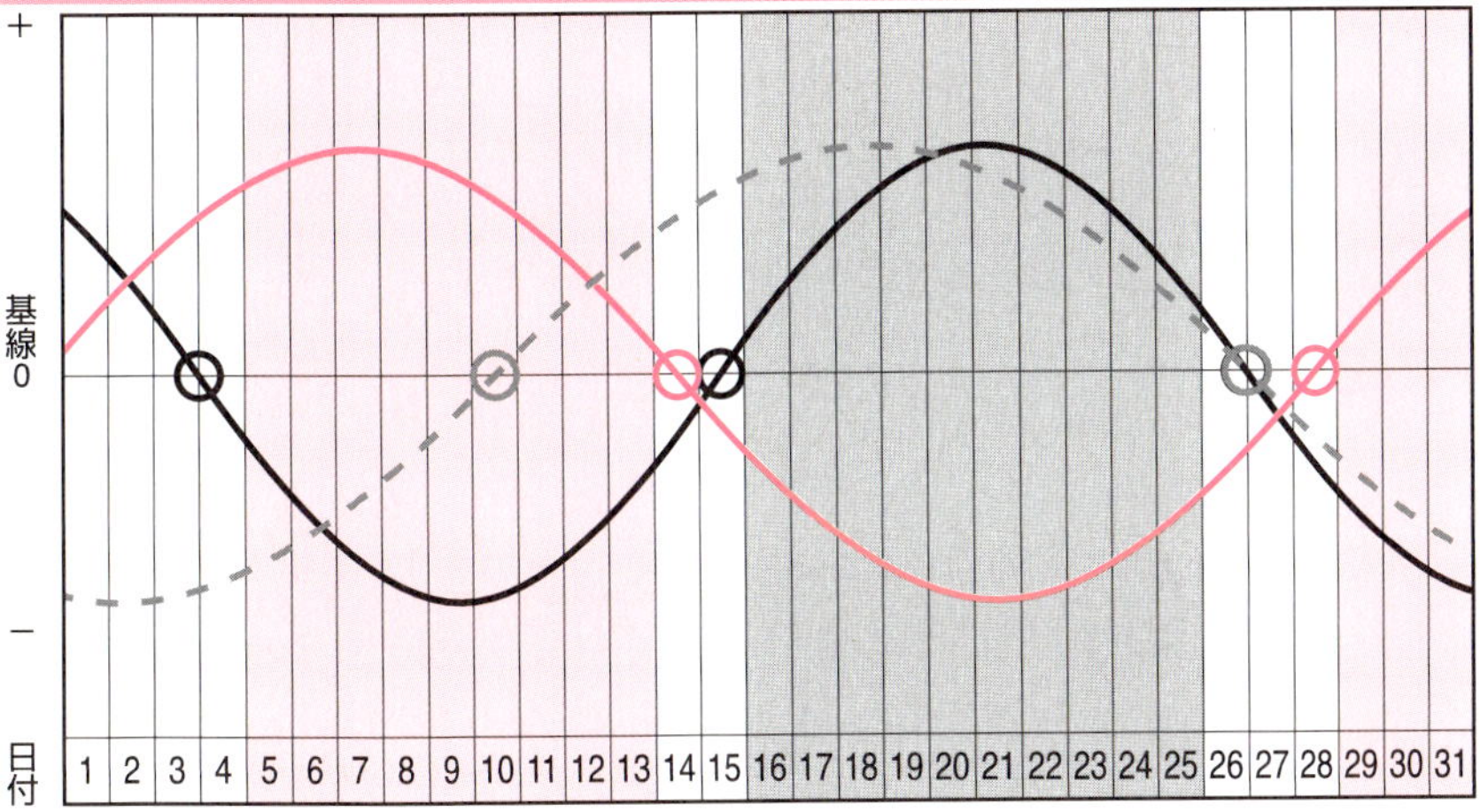

2003年2月　ガイド数(P=18、S=5、I=23)

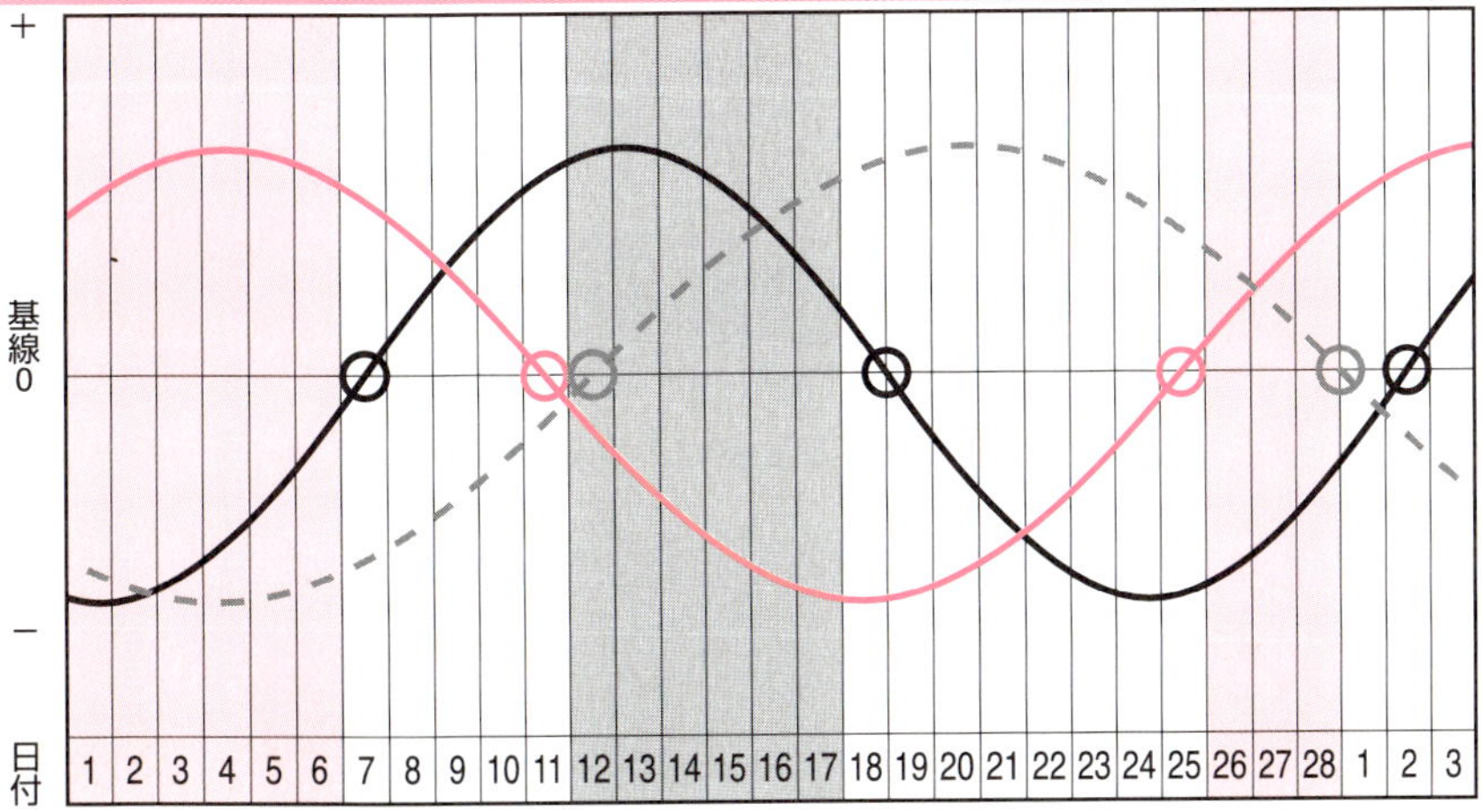

身体リズム(付録シールは青)
感情リズム(付録シールは赤)
知性リズム(付録シールは緑)
女の子の産み分け可能日
男の子の産み分け可能日
○○○ 要注意日(移行日)

A子さんの6ヵ月間のバイオリズム・カレンダー

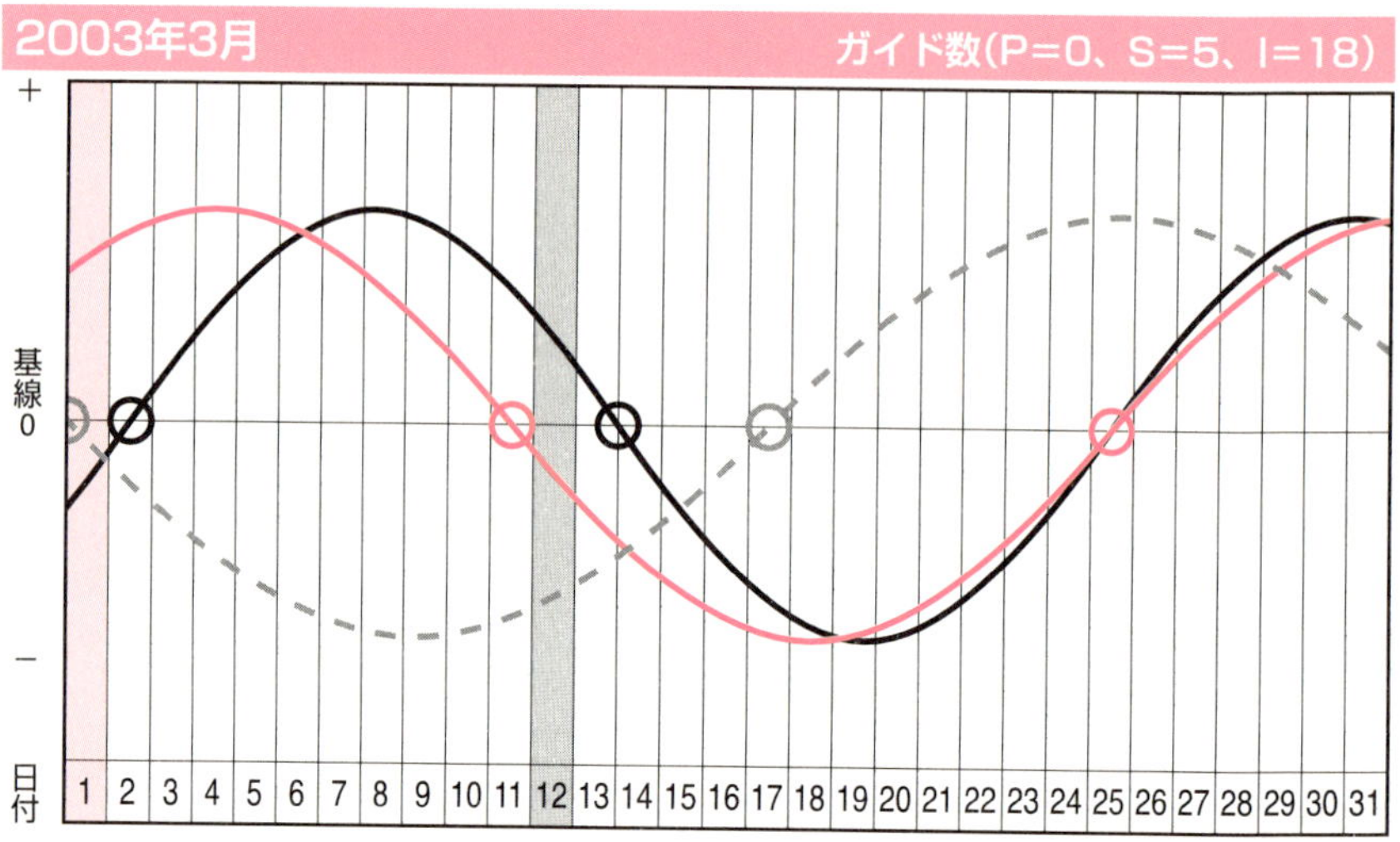

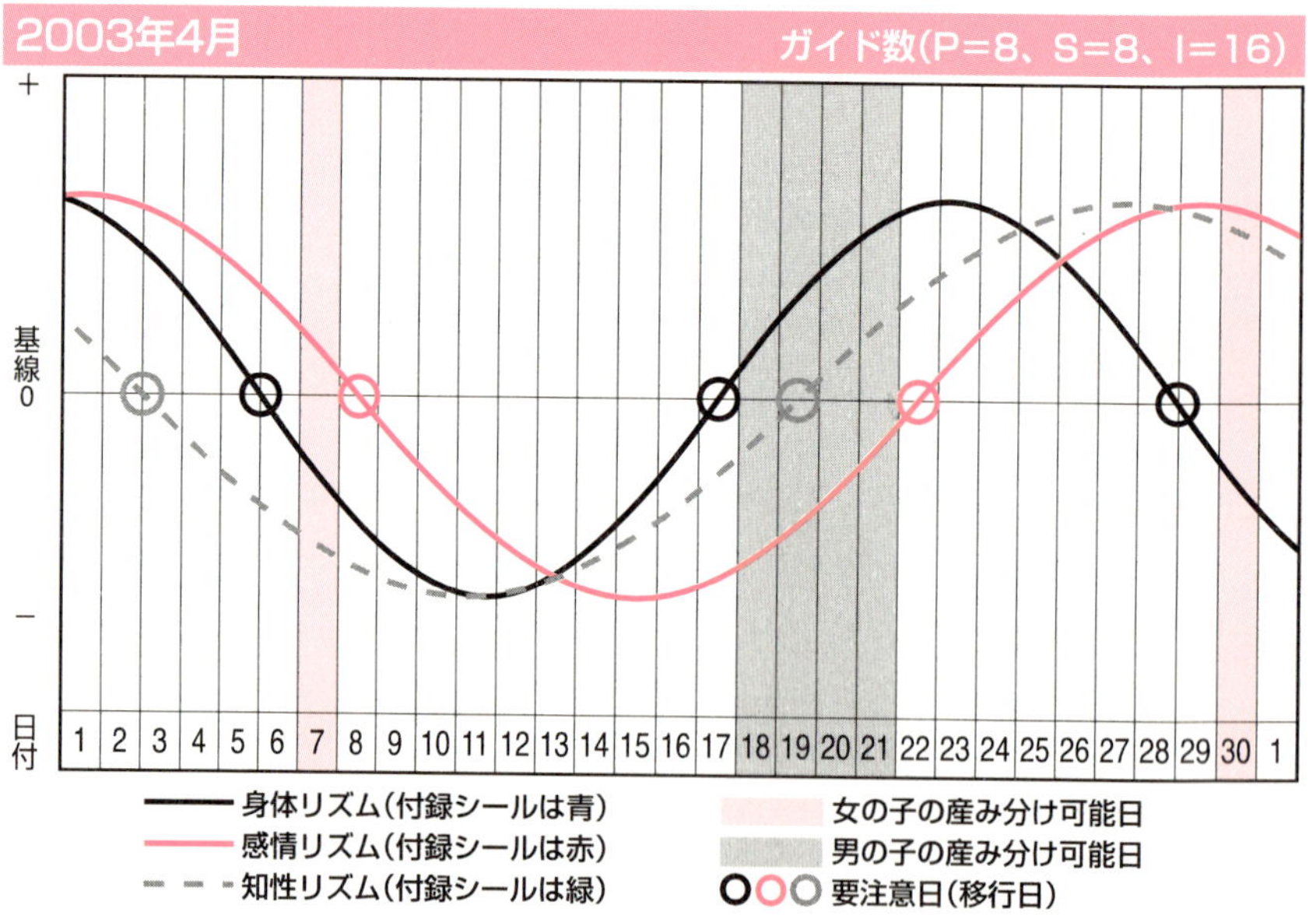

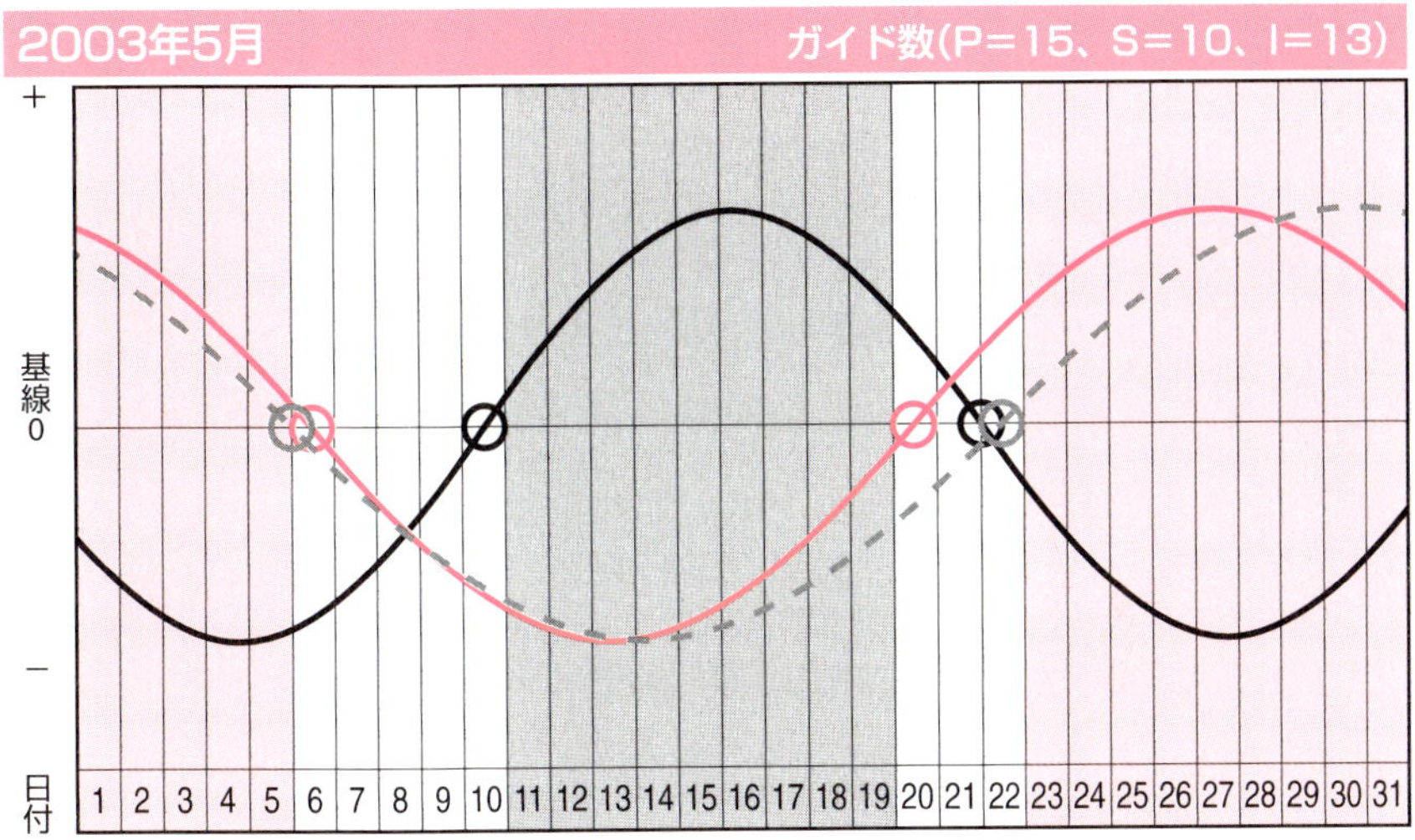
2003年5月
ガイド数(P=15、S=10、I=13)
+
基線
0
−
日付
1 2 3 4 5 6 7 8 9 10 11 12 13 14 15 16 17 18 19 20 21 22 23 24 25 26 27 28 29 30 31

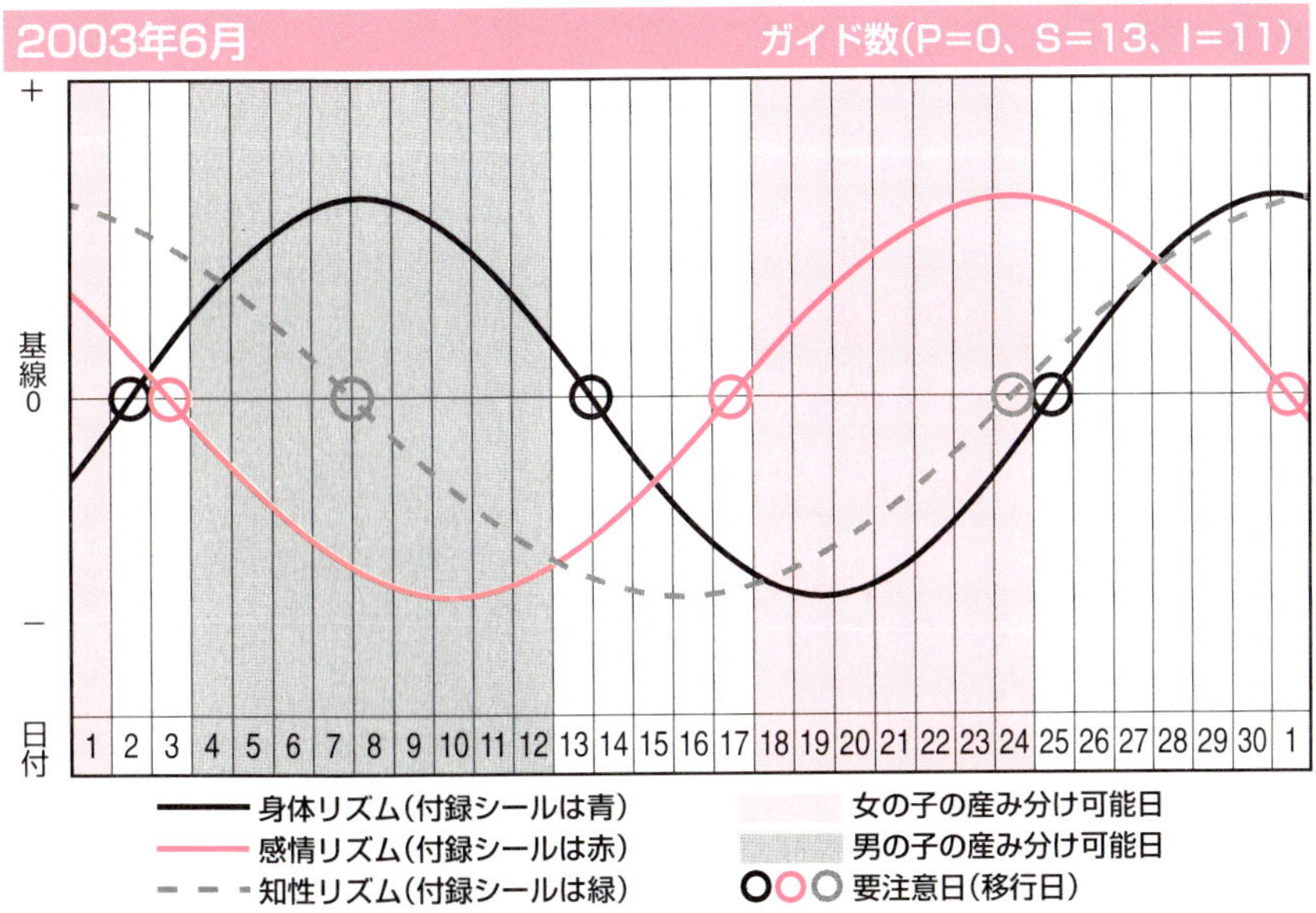
2003年6月
ガイド数(P=0、S=13、I=11)
+
基線
0
−
日付
1 2 3 4 5 6 7 8 9 10 11 12 13 14 15 16 17 18 19 20 21 22 23 24 25 26 27 28 29 30 1
身体リズム(付録シールは青)
感情リズム(付録シールは赤)
知性リズム(付録シールは緑)
女の子の産み分け可能日
男の子の産み分け可能日
要注意日(移行日)

バイオリズム・カレンダーの見方

バイオリズム曲線の表示

注：正午（お昼の12時）に誕生したものとみなしてグラフ表示をしています

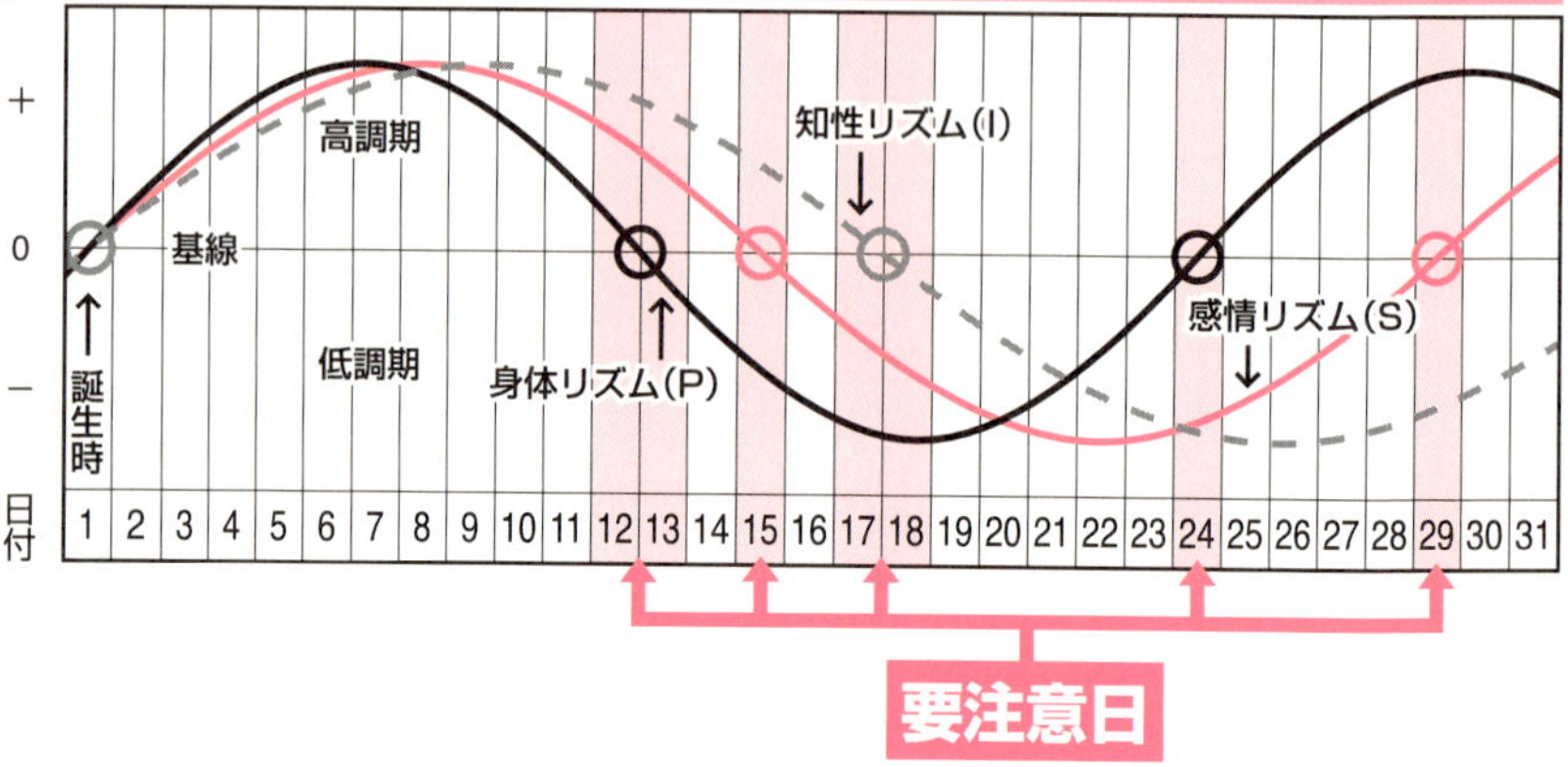

各リズムの見方

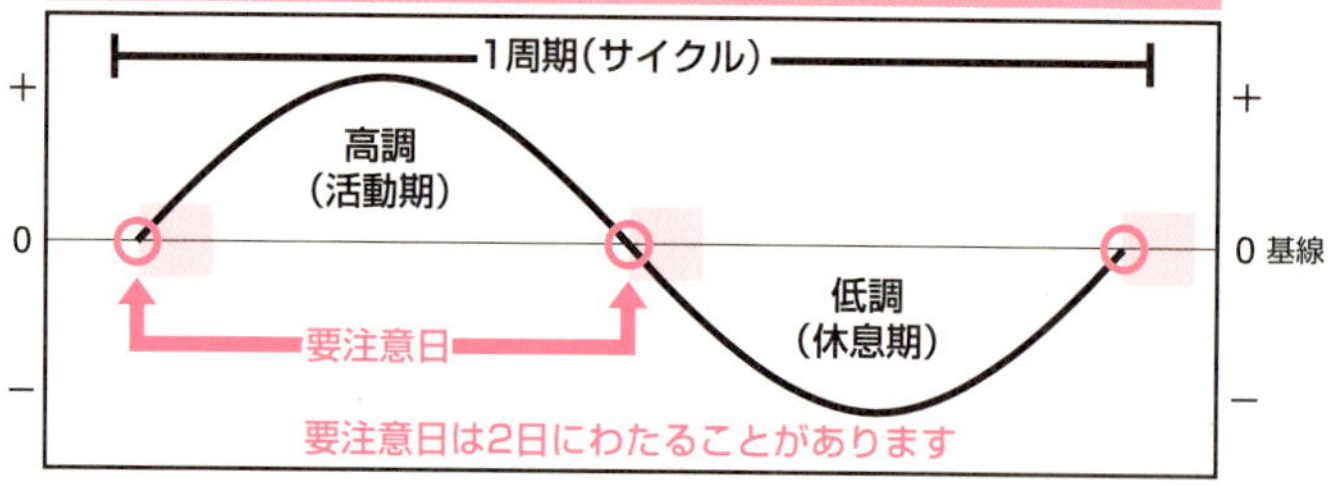

バイオリズム・カレンダーの活用

（1）事故のおきやすい「要注意日」が事前にわかりますので、交通事故・災害の未然防止に役立ちます。とくに運転事故防止に効果を発揮し、運輸・運送会社からの評価も得ています。
（2）スポーツ、麻雀などのゲーム、ギャンブルでの運・不運を教えてくれます。とくに大会や試合当日のコンディションを知れば、作戦が立てやすくなります。
（3）周囲とのコミュニケーションや話題づくりなどの効果を高めます。
（4）恋人や友人との相性判断ができます。身体、感情、知性の各々の相性率が＜％＞で明示されます。
（5）デート、旅行、レジャーなどの適した日、避けたい日がわかります。
（6）受験勉強、学習計画や苦手な学科の学習時期を教えてくれます。
（7）子供のしつけ、生活指導や非行防止にも効果を発揮します。
（8）高齢者の生活管理、健康管理、事故・けが防止に役立ちます。
（9）失言、口論、けんか、悪酔い、物忘れしやすい日などを教えてくれます。
（10）手術の好適日・不適日、病気の悪化や発作日の予告にも活用できます。

P
S
I

排卵日を正確に予測するためには毎日、基礎体温を計ります

半年間のバイオリズムカレンダーを見て、みなさんは、「チャンスは結構あるじゃない！」と安心してはいませんか？

実はもうひとつの作業があるのです。それは、あなたの排卵日がいつかを記録することです。

受胎するのは排卵のある日ですから、いくらバイオリズムで産み分け可能日が決まったからといって、これだけでは産み分けはできません。

男女産み分けは、バイオリズムから見た〝産み分け可能日〟と排卵日が一致した日（男の子の場合）か、排卵日2日前（女の子の場合）が実際の〝産み分け実行日〟になります。

ということは、排卵日はより正確につかんでおかなければならないのです。だいたいこのあたりというのではなく、はっきりした日を出してください。そうしなければ、せっかくのチャンス日（産み分け実行日）を知らないうちに逃していたなんてことになりかねません。

ですから、まず自分の排卵日がいつなのかをよく知ってください。それには、少なくとも産み分けを実践する3カ月前からつづけて記録しておく必要があります。はっきりとした生理のリズムをつかむことで、より正確に排卵日の予測ができるからです。

さて、排卵日を知る方法は何種類かありますが、私が産み分け法でお勧めしているのは〝基礎体温表〟をつけることです。

毎日、体温を計ってグラフにしていくと、自分の体温の上下がよくわかります。グラフを見て、体温が急に上昇する前のいちばん低くなった日が排卵日です。

「でも、基礎体温を計るのって、意外にめんどう」などといっている方、そんなことはありません（！）。朝、目が覚めたらすぐに実行すればいいことです。これくらいの〝努力〟は、産み分けの成功を思えば、なんでもないことではありませんか？

基礎体温を計るためには、婦人体温計が必要です。これは薬局で買うか、もしくはお医者さ

排卵日は体温が急に上昇する前のいちばん低くなった日

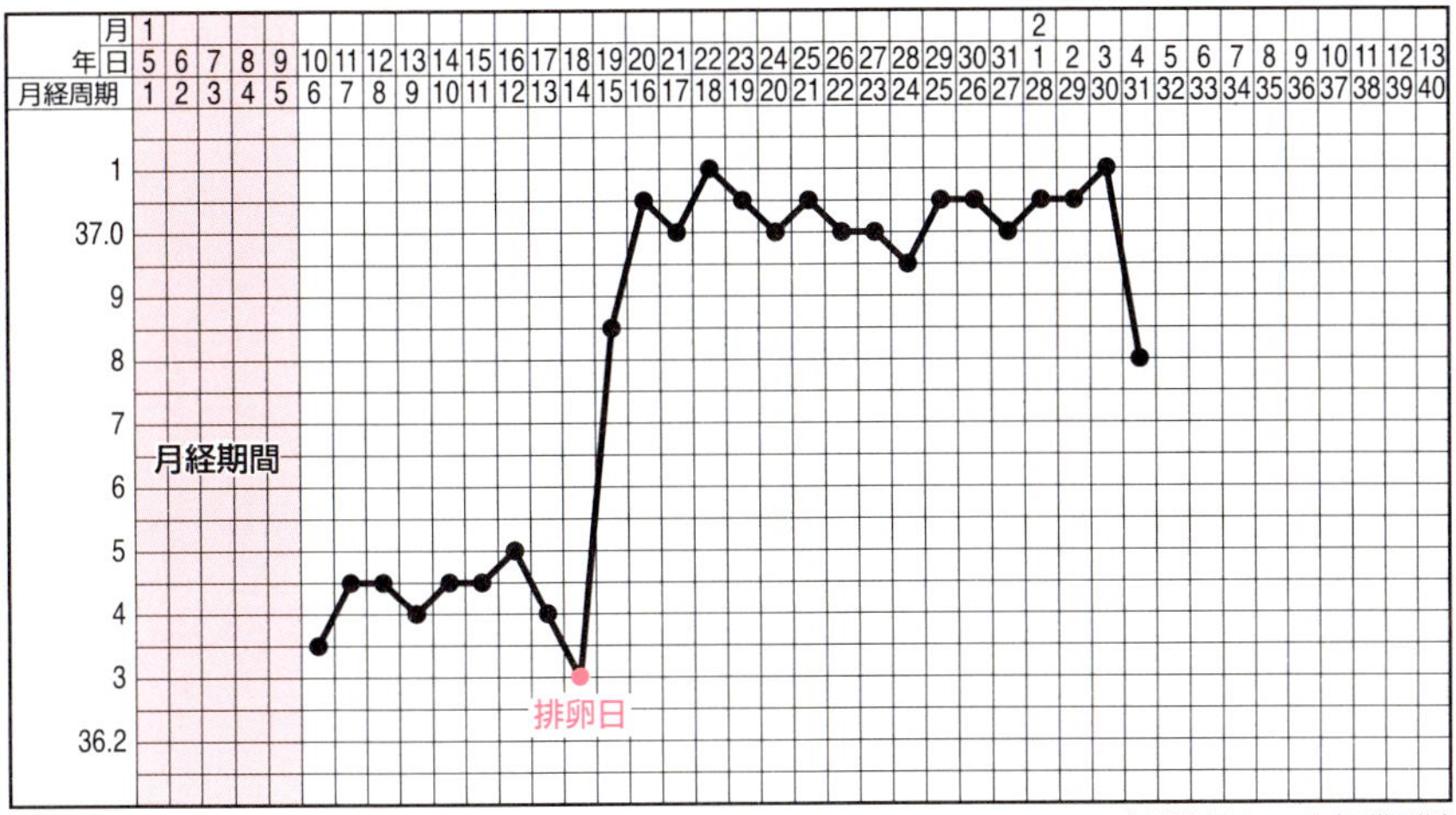

基礎体温チャート（正常周期）

んに相談してみてください。最近は電子体温計も発売されていますので、より楽に、より正確に測定できるようです。

まず、寝る前に必ず、婦人体温計を枕もとにおいてから寝てください。手順はつぎのとおりです。

① 朝、目が覚めたらすぐに婦人体温計を口に入れましょう（約3分間）

体温を計る前は、タバコを喫《す》ったり、トイレに立ったり、飲食はもちろんのこと、ちょっとつらいかもしれませんが、〝寝返り、あくび、背伸び〟さえもがまんしてほしいのです。

体温計を枕もとにおいて寝るというのは、そのためです。ともかく、目覚めたら何をするよりもまず体温計です。基礎体温というのは、長時間の安静後の体温のことをさすからです。

ちなみに、動いてしまったらどうなるかというと、動かないで計ったときよりも体温はわずかに高くなります。

「寝坊したり、反対にいつもより早起きした場合はどうなるの？」

という質問がありそうなのでお答しましょう。

寝坊をすると体温は上がります。そして早起きをすると下がります。数字のうえではわずかですが、やはり正確な記録をとることを考えると、寝坊も早起きもぜひ避けてください。

こう書かれていると、「やっぱり、めんどうじゃない」とおっしゃるかもしれませんが、産み分けを成功させるための寝起きのたった数分です。がんばりましょう。

②　体温を計ったら記録しましょう

これは左の図のように折れ線グラフにすると見やすいでしょう。このようにして、少なくとも3カ月間の基礎体温表をつくるのです。生理期間も含めてだいたいこれぐらい記録をとれば、あなたの平均した排卵日を知ることができます。

さて、排卵日がわかったらもう簡単です。

「産み分け実行日」は半年間で平均1〜2回あります

生理（月経）周期には個人差がありますが、一般的に排卵日がくるのは生理第1日めから数えて14日めぐらいです。みなさんがつくった基礎体温表とくらべてみて、どうですか？

基礎体温をつけてみておわかりかと思いますが、体温の上下といっても、ほんのわずかの差です。約0・5度といったところでしょう。このように基礎体温とは微妙なものなので、計る前には体を動かさないことが大切なのです。

また、人によっては基礎体温の高低が不安定で、排卵日がわかりにくい場合があります。そのような方は産婦人科医などの専門医に、基礎体温表を見てもらいましょう。

さきほど、少なくとも3カ月はつけてくださいといいましたが、生理が順調な方で3カ月、不順なことが多いという方は6カ月ぐらいつけて、少しでも排卵日を予想しやすくしてください。

基礎体温表は105ページの図を参考にして、自分でつくってみてもいいですし、薬局などで市販しているものを利用すれば、記入するだけですみます。

排卵予想日を記入したバイオリズム・カレンダー

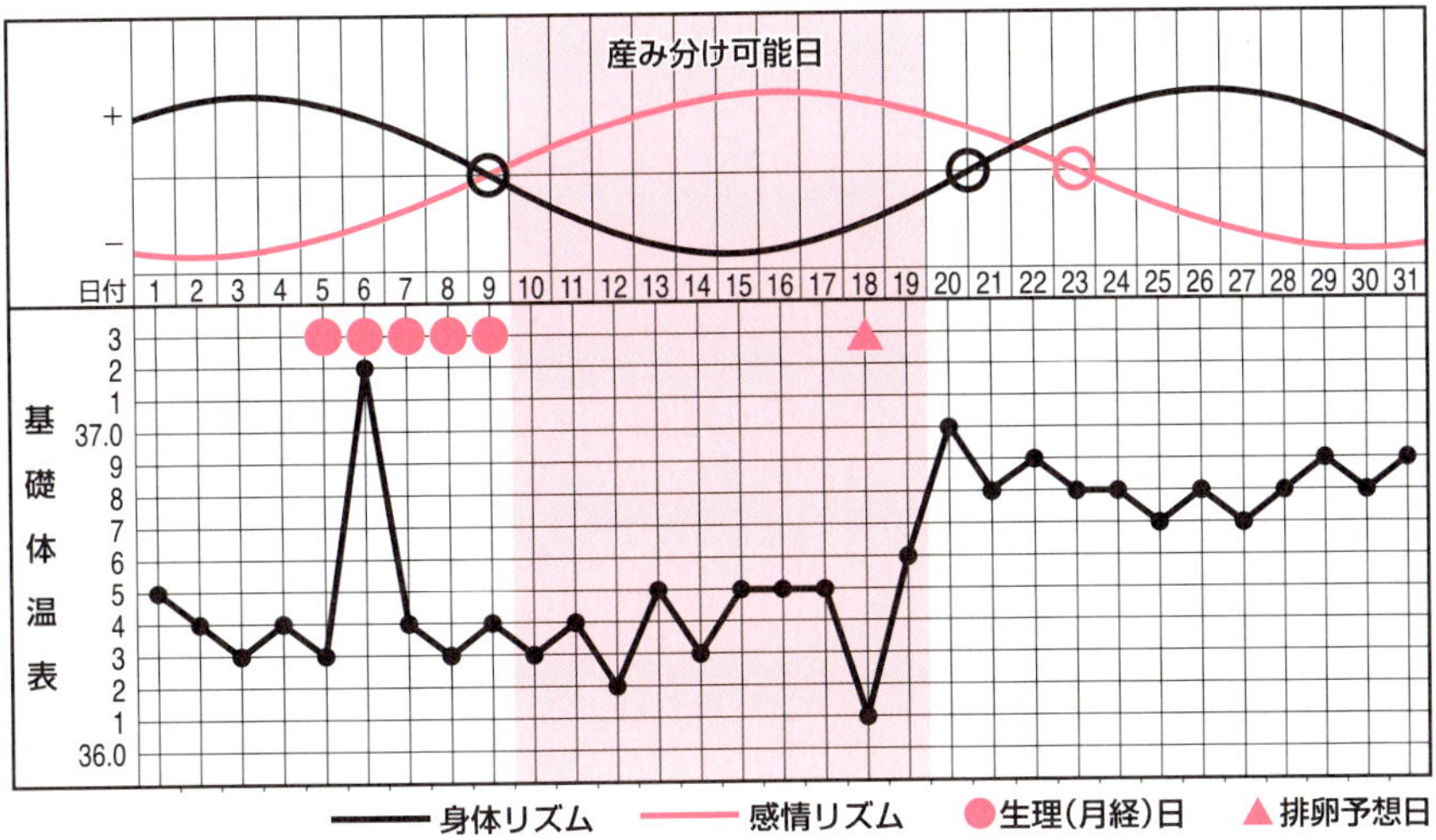

ではさっそく、84ページで紹介した方法をもとに、できあがったあなたのバイオリズム・カレンダーに、排卵予想日を記入してみましょう。

どうですか。バイオリズム・カレンダーに記されている〝産み分け可能日〟と〝排卵予想日〟が一致する〝産み分け実行日〟が何回くらいありますか？　平均すると半年間で1～2回はあるはずですが、いかがですか。

そして、この〝産み分け実行日〟は、6カ月のうちの数少ない大切な日です。突発的な事故はやむをえないとしても、コンディションをととのえ、ぜひその日をベストの状態で迎えてください。

ちなみに、私の場合、自分のチャンス日（実行日）に、実家から母が来訪するというハプニングが起きました。それは2番めの子供のときですが、この日を逃したために、実はあと1年待つことになったのです。

ステップ②からは〝産み分け食〟を実行日の10日前

ご主人も出番です。ふたりで食事の管理をします

さて、ここまでで私の『スリーステップ方式』による男女産み分けの確率が70パーセントまで可能になりました。そして、これから紹介する《ステップ②》、《ステップ③》も産み分けの成功率に大きな影響を与える大切な要素です。これらは日常生活に直接関係してくることですから、しっかり覚えて実行してください。

《ステップ②》は食事の管理です。産み分けにとって〝食品〟はどれくらい関係があると思いますか。

私はおよそ2～3パーセントと考えています（体質によりもう少し数字の上がる人もいますが）。

数字だけを見ると、「あら、その程度なの」と思われるかもしれません。しかし当然ですが、〝やらないよりやったほうがいい〟のです。そして今回は、ご主人にも協力してもらうのが望ましいと思います。

具体的に〝何を食べたらいいのか〟という説明をする前に、31ページでお話した〝性別を決める染色体〟についてもう一度、思い出してください。

人間の細胞には46の染色体があり、それらは核のなかで23組の対になっています。そのうちの1対に性別を決める性染色体があります。

そして、卵子の性染色体は、すべてX染色体から成り、精子の性染色体には、X染色体から成るものとY染色体から成るものの2種類があ

夫と妻はアルカリ性・酸性、おたがいに逆の食品をとる

ります。

ご承知のとおり、X染色体は女の子をつくり、Y染色体は男の子をつくります。男性になるか女性になるかは、この性染色体の組み合わせで決まります。

つまり、卵子のX染色体に、X染色体をもつ精子（X精子）を受精させれば女の子が、卵子のX染色体にY染色体をもつ精子（Y精子）を受精させれば、男の子が生まれることになります。

女の子を望むなら妻は酸性食品を、夫はアルカリ性食品を！

女性の膣内は通常、弱酸性の状態になっています。ところが、排卵日やオーガズムを感じると、子宮から強いアルカリ性の分泌物が出ます。このことは、《ステップ③》の内容にも関係してきますが、ここでも知っておいてください。

さて、男女の性別を決める染色体の組み合わせは、XXの染色体で女の子が、XYの染色体で男の子が生まれます。精子のうち、X精子は酸性に強く、Y精子はアルカリ性に強いという

性質をもっています。

したがって女性の場合、女の子を希望するときは、X精子を活発化させるために酸性食品をとり、男の子を希望するときは、Y精子を活発化させるためにアルカリ性食品をとればよいというわけです。そして、男性はその逆の食品をとればいいのです。

「なんだかややこしいわね」という声がきこえてきそうですが、109~110ページの表を見てください。もう一度、説明しますと、XXの染色体の組み合わせで女の子が、XYの染色体の組み合わせで男の子が生まれます。

食品はふつう酸性食品とアルカリ性食品に分けられます（ただし、食品のなかには酸度、アルカリ度の測定ができず、どちらかに決められないものもあります）。

ですから、希望する性別に合わせて、メニューを考えればいいのです。大変だと思うかもしれませんが、実行する期間は産み分け実行日の約1週間ないし10日前からでかまいません。

この《ステップ②》は、ご夫婦で協力しあうほうがより効果的です。

「そろそろチャンス日ね。お昼の外食が心配だから、お弁当をつくるわ」

といえるくらいのファイトがほしいですね。

私が最初に産み分けを試みたころは、共働きでしたので、妻は毎日働きに出て、疲れていました。それでも夕食のメニューは自分用と私用のふた通りつくってくれたのです。

私のほうも妻のそういう元気な姿を見て、いつもポケットに自分でつくった食品成分表を入れていたのを思い出します。

主な酸性食品

穀物	米、大麦、小麦、**玄米**、ライ麦、**ぬか**、**ふすま**、麩《ふ》 もち、うどん、**そば**、パン、マカロニ、スパゲティ **オートミール**、コーンフレークス
魚肉	鳥獣魚肉類すべて、ベーコン、ハム、ソーセージ ペースト
乳製品	バター、マーガリン、ラード チーズ(チェダー、クリーム)、アイスクリーム
野菜	くわい、アスパラガス、グリーンピース、落花生
果物	未熟のバナナ
海草	のり
調味料	酢、ドレッシングなど
その他	**たまご**、**カツオブシ**、**スルメ**、**にぼし**、油揚げ、ゆば **酒粕**、奈良漬、ようかん、カステラ、日本酒、洋酒 ビール、清涼飲料

注：太赤字はとくに度数の高い食品

主なアルカリ性食品

穀物	とうもろこし
魚肉	なし(植物性蛋白でおぎなう)
乳製品	牛乳、人乳、チーズ(パルメザン、プロセス) ヨーグルト
野菜	豆類(**大豆**、**小豆**、黒豆、枝豆、**いんげん豆**) アーモンド、くるみ、大根、かぶ、にんじん、トマト きゅうり、たまねぎ、**ほうれん草**、キャベツ、なす こまつ菜、**つまみ菜**、にら、じゃがいも、さつまいも さといも、ごぼう、たけのこ、ぜんまい、わさび れんこん、レタス、セロリ、パセリ、カリフラワー **しいたけ**、**まつたけ**、しめじ、マッシュルーム ブロッコリー、アーティチョークなど ほとんどの野菜は可
果物	りんご、みかん、すいか、なし、ぶどう、かき、**くり** あんず、さくらんぼ、**バナナ**、メロン、パイナップル パパイヤ
海草	**わかめ**、**昆布**、寒天
調味料	さとう、しょうゆ、カレー粉、こしょう
その他	みそ、豆腐、梅干し、たくあん、切り干し大根 **こんにゃく**、**紅しょうが**、コーヒー、ココア、茶 乳製飲料、ワイン、ビスケット、ジャム、蜜類

食事のコントロールはほどほどに

酸性食品の代表といえば魚肉類、アルカリ性食品なら野菜や果物類があげられます。

10日間、肉か魚料理ばかり、もしくは肉も魚も食べられないと決めつけてしまったら苦痛です。そのせいで、体調をくずしたり、風邪をひいたりということにもなりかねません。

私は『スリーステップ方式』による産み分けの指導をはじめてから、いままでのあいだに、「先生、食事管理を徹底してやったら、体調をくずしてしまいました」とか、「私は男の子がほしくてアルカリ性食品ばかり食べていたら、風邪をひいてしまったんです」などという話をいくつも聞いています。

そこで私は、「食事の管理は、食品成分表や献立表を参考にして考えてください。たとえば、女の子がほしいときは簡単にいえば夫はアルカリ性、妻は酸性〝中心〟の食事にしてください。男の子がほしいときはその反対です。ただし、あまり極端にすると風邪をひいたりしますから、ほどほどでいいですよ」とアドバイスしています。

つまり、けっして酸性食品だけとか、アルカリ性食品だけをとりなさいといっているわけではないのです。ふだん、お昼の食事ばかりか、夕食も外でというご主人も多いでしょうし、また、実行日を10日後にひかえて出張がつづいたりしたら、食生活のコントロールがしにくいこともあるでしょう。ですから、その時期、ご主人はせめて食品成分表をメモしたものだけでも、身につけておいてほしいということなのです。そして、〝あれを食べなくては〟というよりも、〝これを食べてはいけない〟というほうに気をくばってください。

《ステップ①》が約半年間の〝長期計画〟であるのに対して《ステップ②》はチャンス日（実行日）前10日間の〝直前計画〟です。

もうすぐ待望の産み分け実行日がやってくるのです。ご主人も、奥様に「お弁当頼む！」とお願いするくらいの意気ごみがほしいものです。

さて、いよいよあと10日になりました。奥様の体はもちろんのこと、ご主人もコンディションをととのえて、その日を迎えてください。

なぜなのかは、ご主人の体調がつぎの《ステップ③》にも関係してくるからです。

繰り返しますが、あまり神経質になって酸性・アルカリ性にこだわらないでください。ふだん食べ慣れないメニューばかりを10日間もつづけたために、肝心のその日になって体調をくずしてしまったら、いままでの苦労も水の泡ですから……。

では、最後にもう一度、食事の管理についてまとめてみましょう。

- 食事の管理は、夫婦ふたりでする
- 女の子がほしいときは、妻は酸性食品を中心に、夫はアルカリ性食品を中心にとる
- 男の子がほしいときは、妻はアルカリ性食品を中心に、夫は酸性食品を中心にとる
- 食事の管理を開始するのは、産み分け実行日の約10日前から

なお、献立例を第3章の『スリーステップ方式』の実践篇で紹介しますので、ぜひ参考にしてください。

ちなみに、私はこれらを10日間しっかり守りました。妻はお弁当をつくってくれましたし、私は食品成分表を定期入れに入れ、持ち歩いていました。おかげで〝実行日〟の夕食は、

「明日からは酸性食品とかアルカリ性食品とか、こだわらなくていいと思うと、なにか最後の晩餐《ばんさん》のようだね」

と、いまでも忘れられない思い出になっています。

ステップ③ セックスを工夫して成功率をアップ!

男腹・女腹は女性の責任ではありません

『スリーステップ方式』の最後は、実行日当日のセックスの方法です。

昔から男の子ばかりを産むと〝男腹〟、女の子ばかりを産むと〝女腹〟とよくいいます。男の子3人とか女の子3人とか、どちらかの性にかたよって産んでしまうわけです。

また、女の子ばかり生まれる家庭は男（夫）が強くて、男の子ばかり生まれる家庭は女（妻）が強いともいわれたようです。

「強いというのは?」「セックスのことじゃないですか?」

実際、右のような話は、昔はよくいわれていたようです。

また、旧家に嫁《とつ》いだ娘が女の子ばかり産んで跡取《あとと》りができないために、一方的に離縁されてしまったという可哀そうな話もあったようです。

それにしても、生まれてくる子供の〝性〟を決めるのは、精子とそれを受け入れる卵子なのに、まるで女性だけの責任のように判断されてしまうというのも困った話です。

現代でもまだまだ語り継がれているケースがあるようですので、悩める女性には私のこの本をぜひお見せしたいですね(!)。

さて、いよいよ待ちに待ったその日がきました。

それは一種、儀式のようなものです。最後の晩餐《ばんさん》(?)が終わり、これからがいよいよ本番です。初めのうちは、ふたりともぎこちない雰囲気になるかもしれません。しかし、それも最初だけで、むしろいい意味でテンションは上がり、スンナリと……。

産み分けの成功率はセックスの方法で5パーセントはアップ！

セックスの方法をあれこれ工夫すれば、成功率が5パーセントはかならず上がります。バイオリズムも、排卵日も、食事もクリアして、ついに最終段階に入ったのです。

「セックスをどのようにするのですか？　なにか特殊なことでもするのですか？」

「いいえ、とんでもない。いつものようにしていいのですが、ただちょっとマニュアルどおりにしてほしいのです。とくにご主人に協力していただかないとね……」

結論からいうと、性交時の体位を工夫してもらいたいのです。

なぜでしょうか？

それは前にもお話ししましたが、卵子が精子を受精したとき、卵子がX精子と結合するか、Y精子と結合するかによって、生まれてくる子供の性別が決まってしまうからです。

ということは、どのような環境で受精したかが重要になるわけです。

それがいままでお話ししてきたバイオリズムの活用であり、食事の管理でもあったわけで、これから話すセックスの方法は、その仕上げということになります。

X精子とY精子、どちらが元気？

精子には女の子になるX精子と、男の子になるY精子がありましたね。そして実際に生まれてくる子供たちの性別の比率はどれくらいかというと、統計上、男の子105人に対して女の子は100人なのです。

「なんだ、じゃあX精子の数も、Y精子の数も、そんなに変わらないんですね」

とおっしゃるかもしれません。

しかし、それは大まちがい。なんと、なんと、

『スリーステップ方式』の最後の仕上げはセックスの体位

1回射精すると2億〜3億の精子が出てきます。この2億〜3億のなかにY精子やX精子が含まれるわけですが、数からいくと、Y精子はX精子の約2倍もあるのです。

卵子そのものには性別の決定権がありませんから、射精されると、このすさまじい数の精子たちはいっせいに膣の奥に向かって突進し、なかでも強い精子が子宮に突入して、いちばん強い精子、しかも、卵子が気に入った精子だけが卵管で卵子と結合できるのです。

ところで、さきほど、出生率の男女比は105対100といいました。気がつきましたか？Y精子の数がX精子の2倍もあるのに男女差がほとんどありません。つまりそれは、脱落してしまうY精子がいっぱいあるということなのです。

「ぼくが」「わたしが」とがんばって、子宮めざして無数の精子が突進し、卵子のまわりに到達しますが、卵子に受け入れられるのは、そのうちのたった1個の精子だけ。数からするとY精子のほうが多くて、卵子に受け入れられるチャンスが多そうですが、実際にはX精子も元気にがんばっているわけです。

膣内のペーハーも性別に大きく関係

107ページでも話しましたが、Y精子はアルカリ性には強く酸性には弱い、X精子は酸性には強くアルカリ性には弱い、ということを思い出してください。

膣のなかは、つねに酸性です。この理論でいくと、酸性に強いX精子が生き残って、女の子ばかり生まれてしまいます。

「じゃあ、男の子はどうして生まれてくるのでしょう?」

それはこうなのです。膣内はふだんは酸性ですが、排卵日が近くなったり、オーガズムを感じたりすると、子宮からアルカリ性の分泌液が出てくるのです。

そうなると今度はY精子のほうが、がぜん元気になるわけです。そしてまた、Y精子のほうがX精子よりも敏速に動くという性質も加わって、男の子になるY精子がX精子に勝って卵子に受精できるのです。

というわけで、女性の膣のペーハーがどうなっているかを知ってからセックスをすれば、男女産み分けも可能になるということなのです。

ずいぶん前置きが長くなってしまいましたが、セックスの方法までが、なぜ産み分けに関係するのかは、これらの理由があるからなのです。

ここまでの説明で少しおわかりかと思いますが、男女産み分けのためのセックスの方法は、女の子を希望する場合と男の子を希望する場合とで異なります。それぞれの方法については、第3章でさらに詳しく解説します。

女の子がほしいなら、このセックス法で膣内を酸性に!

● 女の子がほしいときのセックス法

(a) ご主人の禁欲はとくに必要ありません。

(b) セックスは排卵日の2日前にしてください。X精子(女の子をつくる性染色体)は約3日間生きています。Y精子(男の子をつくる性染色体)は約

排卵やオーガズムによって膣内にアルカリ性分泌液が……

1日しか生きていません。射精後2日もたてば、Y精子にはもう元気はありません。生き残って卵子を待っているのは、X精子がほとんどというわけです。運よく（予想どおり）、2日後に排卵があれば、成功率を相当高く見こめます。

（c）妻がオーガズムに達する前に射精してください。膣内を酸性に保って、男の子になるY精子をダウンさせるためです。前戯をしないで即実戦です。淡白で味気ないセックスですが、〝女の子がほしい〟の一心でがんばってください。

（d）体位は〝伸長位〟、〝騎乗位〟（137ページ参照）などをとり、できるだけ浅く挿入してください。浅い挿入ですと子宮の入口から離れます。膣内は酸性ですから、女の子になるX精子がよく活動します。ということは、男の子になるY精子が弱くなるということです。

男の子がほしいなら、このセックス法で膣内をアルカリ性に！

●男の子がほしいときのセックス法

（a）ご主人は5～7日ぐらい前から禁欲してく

ださい。Y精子を最高に濃くするためです。濃い精液を射精すれば、それだけ卵子に受精できる可能性が高くなります。スポーツや読書（もちろん仕事もそうですが）に打ち込むなどしてがまんしてください。

（b）セックスは排卵日にしてください。排卵日には、子宮からアルカリ性の分泌液が放出されるからです。

（c）妻がオーガズムに達するまで、じゅうぶんに時間をかけて前戯をほどこしてください。オーガズムに達すると、膣壁からアルカリ性の分泌液が出てくるので、酸性に弱いY精子の動きが活発になり、卵管への進入をうながすことになります。

（d）体位は〝正常位〟、〝後背位〟、〝屈曲位〟（143ページ参照）などをとり、できるだけ深く挿入してください。深ければそれだけ子宮の入り口近くまで精子が届くわけで、この付近はアルカリ性の液で満たされていますから、酸性に弱いY精子でも勢いよく子宮めがけて進めます。

（e）セックス（射精）が終わったら、しばらくは挿入したままでいてください。これは、動いてしまったら、精子がせっかく体内に入っても、逆流してしまう場合があるからです。受胎の可能性を高めるためにも、しばらくそのままで。手足は伸ばしても可。

さて、以上で男女産み分けの《ステップ①》、《ステップ②》、《ステップ③》が終了です。

読み終わってみると、どの段階も大切だと思われることでしょう。そのとおりです。女の子がほしいなら女の子用のマニュアルを、男の子がほしいなら男の子用のマニュアルをきちんと守って、おふたりで目的を達成してください。

おたがいにまちがって覚えていて、たとえば女の子がほしいのに、排卵日にセックスをしてしまったとか、食事管理を希望する性別とまったく逆のものにしてしまったなどということのないように注意してください。

では最後に、男女産み分けにほんのわずかでも影響を与えていると思われるいくつかの方法を紹介しましょう。

強い願いも意外に効果的

〝困ったときの神頼み〟ってありますね。

「神様、どうか女の子を授けてください」と。

みなさんは、神様にお願いしたからって、実現するわけがないと思われるかもしれません。

しかし私は、祈ることや、お参りすることも産み分けに無関係ではないと考えています。

もちろん、科学的にどうこうとはっきり説明できないのですが、一種の〝自己暗示〟のようなもので、自分の身体をいつのまにか望む方向へ方向へともっていくわけです。

ですから、私の場合、「それはおやりなさい」と勧めているのです。

かわいい女の子がほしいなら女の子を、また元気で丈夫な男の子がほしいなら男の子を〝ぜひ授かりますように〟と朝晩、神様にお願いしなさいといっています。

これは、自己暗示をかけることにより、体がそういうふうにセットされていく、あるいは、少しでもそちらの方面（女の子がほしいとか、男の子がほしいとかいう願い）にセットされる。なんとなくですが、体が願いどおりに進むように〝用意〟されていく気がするのです。

「先生の指導もじゅうぶんやった、神様にもお願いした、もうできることは全部やりました」という気持ちとでもいいましょうか。こういうことでも、効果があがればよいわけですから、ご参考までに。

男の子がほしいなら、日光浴を！

男の子を望まれる場合、私がもうひとつアドバイスしていることがあります。それは女性の日光浴です。

「肌の色が黒くなるからそれは……」とためらわれる方もいるようです。しかし、太陽にあたると、体内にビタミンDが吸収されます。ビタミンDは血液をアルカリにする働きがあります。つまり、これは、男の子がほしいときの条件に関係してくるわけです。

2章

ですから、「日焼けなどの心配よりもっと大事な目標があるのですから、どんどん散歩したほうがいいですよ」とお話しているのです。私の男女産み分け成功率80パーセントの内訳の2～3パーセントには、こういうちょっとしたプラスアルファの分も含んでいます。

実行日10日前になったらケンカはお休み

いかがでしたか? 以上が中垣式男女産み分け法の『スリーステップ方式』です。

いままで、産み分けなど考えてもみなかったご夫婦や、いろいろな方法を試みて失敗していたご夫婦にとって、大いに力になるマニュアルだと自負しています。

この方式を強くおすすめするのは、つぎのようなすばらしい長所があるからです。

- 体に対して直接的な行為がほとんどないので、薬の副作用といったような母体の健康上、心配する点がない。絶対に安全です。
- どなたにでもできる
- ひとりでもできる。ということは、夫や両親など他の人に知られたくない場合に助かる
- 費用がかからない。通院などの必要がない。

そこでお願いです。実行日10日前になったら、夫婦げんかはダメです。おわかりですね?

第3章

さあ、あなたも実践してみましょう

心と体の準備は万全ですか？

男の子と女の子、どちらがほしい？

「〝お母さん、よかったね。やっと男の子が生まれたね〟って7歳の長女がいうんです。我が家には、もうひとり、下に女の子がいます。ふたりともまだ小さいし、もちろん、子供たちに産み分けの話はしていませんが、主人と〝男の子がほしいね〟と相談していたのを聞いていたんでしょうね。家のなかでは産み分けについての会話はタブーにしていたんですが、おねえちゃんのほうは、私たちが男の子をほしがっていることに気づいていたようです」

こう話すのは、本書のはじめにも登場した広島市にお住まいのYさんです。

Yさんご夫妻がどうしてももうひとり、しかも男の子がほしかったのには、前述のような理由がありました。お家のご商売をつづけなければならないという事情です。しかも、奥様としては、ご主人のご両親と同居しているという環境にあり、少なからず、〝男の子がいたら、父と母を安心させてあげられるのに〟という思いも強かったようです。

そして希望どおり、Yさんには念願の男の子が誕生して、

「両親に安心してもらうことができました。それから、弟の誕生を喜んでくれた娘には、いつか大きくなったら、私たちが実践した〝産み分け〟のことを話してあげようと思っています」

というお手紙をいただき、私もホッとしてい

ます。

世の中には、Yさんのようにいろいろな事情があって、なんとか男の子がほしい、あるいは女の子がほしいと思っている方も多いことでしょう。

さて、あなたは男の子がほしいと思っていますか？　それとも女の子がほしいですか？

この第3章では、産み分けの『スリーステップ方式』をさらに詳しく、つまり、女の子の産み分け方と、男の子の産み分け方に分けて解説します。

実践篇ですから、みなさんにさっそく準備していただきたいものがあります。

①　婦人体温計

②　毎日の体温を記録する基礎体温表

私が考案した〝バイオリズム産み分け法〟を実行するために必要な道具といえば、これだけです。あとは日常生活のなかでいろいろとコントロールしていただくだけでよいのです。〝特別な道具を必要としない〟〝お医者さんに行く必要がない〟〝薬を服用しない〟そのほか、〝日常生活に影響を与える無理な規則などがない〟などが、この産み分け法の特徴です。

そして、実行なさった多数の方のなかには、

「この方法なら、誰にも知られることなく実行できます」

と、喜んでくださる方もいます。

Yさんの場合は、実行する前にご主人とご両親に相談したら、ご両親は、

「子供は自然にできたほうがいいんじゃない？」

とおっしゃったそうです。とはいえ、ご主人がひとりっ子なので、家業を継がなければならず、Yさんとしては、どうしても男の子がほしいので産み分けを試してみたい、とおっしゃったとのことでした。

Yさんのように、〝産み分けをしようと思う〟ということをご主人やまわりの方に相談できる場合は別として、なかには相談できず、奥様ひとりで実行する方もいらっしゃることと思います。しかし、この方法なら人に知られることなくできるのです。たとえ、毎日基礎体温を計っていることがわかっても、ご夫婦のあいだです

から、きっと大丈夫でしょう。

妊娠のメカニズムをきちんと知っていますか？

さて、実践に入る前に、産み分けを実行するのに必要な知識のひとつとして、「赤ちゃんはどうやってできるの？」ということについて、おさらいしておきましょう。

◎卵子と精子が結合して〝接合子〟が形成されると、〝受精〟は成功です。

◎卵子の側から見てみましょう。

① 卵子の誕生と発育

女性は、生まれつき卵巣のなかに数万から数十万個の卵細胞（原子卵胞）をもっています。そして、この卵細胞は、思春期に入るころ発育をはじめ、成熟すると子宮内にホルモンを分泌し、子宮内膜を厚くしていきます。

ちなみに、卵子は人体のなかでもっとも大きな細胞で、約10分の1ミリあり、ときには肉眼で見ることもできるほどです。

② 排卵

成熟した卵細胞からは、平均して約28日前後の周期で、卵子が排出されます。これを排卵といいます。

③ 受精

卵子が精子と接合することを受精といいます。また、排卵された卵子は、精子が来るのを待っていますが、その時間は約24時間。それをすぎると子宮の外へと排出されてしまいます。この場合、受精は不成立です。

④ 月経

ホルモンが働いて、子宮内膜を厚く保っているのは、もし、卵子が精子を受精したときに接合子が子宮に着床（子宮内で、母体からの栄養をじゅうぶんに受ける状態になること）しやすくするためです。そして、受精がされない場合は、ホルモンの働きが低下し、子宮内膜ははがれて排出されていきます。これが月経です。月経がはじまると、卵巣内ではふたたび卵細胞が発育を開始し、子宮内膜を厚くしていきます。

『スリーステップ方式』なら人に知られず実行できる

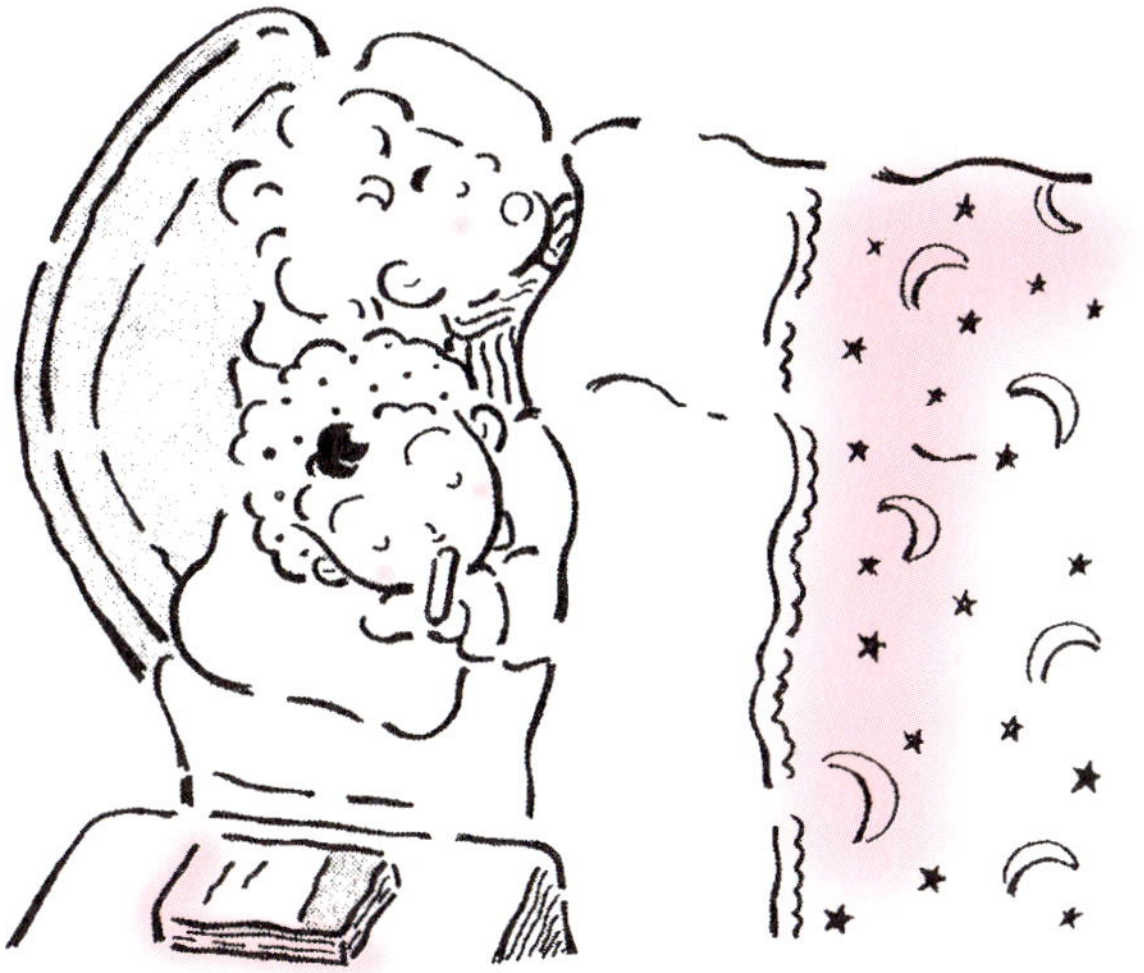

◎精子の側から見てみましょう。

① 精子の誕生と発育

精子は睾丸《こうがん》でつくられます。思春期になると、男性の睾丸には、脳下垂体から分泌される性腺刺激ホルモンが送られ、これが精子をつくります。製造期間は約9週間。1日に約1億個つくります。大きさは、卵子が人体中の細胞のなかで最大なら、こちらは最小、約300分の1ミリしかありません。製造された精子は、副睾丸と呼ばれるところで成熟します。

② 射精

成熟した精子は、射精すると尿道を通って外に出ます。

③ 受精

1回の射精で放出される精子の数は、約2〜3億個。そのなかで、卵子と結合できるのはたったの1個です。

したがって、膣内に飛び込むやいなや、子宮めざして「ボクがいちばん！」とばかりにトップを競い合うわけですが、なにしろ、300分の1ミリの大きさの細胞が3億個もいるのですから大変です。
その速度は1分間に約5ミリ。また、卵子に到達するまでの距離は約18センチあります。

◎受精とは?

排卵日が近づくと、子宮内に粘液の分泌が増え、しかも入口が少し開きます。つまり、精子が入りやすくなるわけです。射精とともに、精液のなかの精子は、膣内へ送り込まれます。

それからさらに、精子は子宮のなかへと進み、卵管のなかで、たった1個の精子だけが卵子に受け入れられる(受精)のです。ほかの精子たちは、途中で死滅してしまったり、卵子のいない方向へ進んだりします。

また、たとえ元気な精子が残っていたとしても、一度受精が成立すると、卵子はほかの精子の侵入を防ぐような〝膜〟を張ってしまうので、もう入り込むことはできません。

前述のとおり、男女の性別を決めるのは、精子です。『スリーステップ方式』はその選択に手をかしてあげているのです。

戸籍上の生年月日を信じて失敗することも――

第2章では『スリーステップ方式』についての全体像を話してきました。それは、精子と卵子の行動に関係すると思われる女性のバイオリズムについて、また、排卵日を知ることの大切さについてでした。さらにそればかりでなく、食事の管理、セックスの工夫などが大切な要素であることも、おわかりいただけたと思います。

そして、私の方式を実践した方が、それらの要素をどれだけ真剣に実行されたかは、〝赤ちゃん誕生〟の瞬間に答が出るわけです。

これまで私に相談なさった方はたくさんいますが、真剣に実行されたかということが、私にはもっとも気になるところです。なぜかというと、『スリーステップ方式』どおりに実行したという〝証拠〟になるものが実は何もないからです。

たとえば、運悪く失敗した場合(私の『スリース

2億〜3億の精子が1個の卵子めざして突進！

テップ方式』は、成功率80パーセントですが……)、「もちろん先生のご指導にしたがって努力したんですよ」とおっしゃられても、その証拠がないわけで、ちょっと困ってしまうというわけです。

また、「男の子がほしくて約6カ月間も努力してきたのに避妊に失敗して、チャンス日(実行日)の1カ月前に受胎してしまったんですが、どうしましょう」

というケースも実際に起こるので、どれだけ真剣に実践されたかが気になるのです。

もっとも、このとき受胎した子供が、望んでいた性別の子供だということになれば、

「先生、ラッキー!」

なんてことですんでしまいますが……。

もうひとつの失敗例をお話しましょう。まるで信じられないようなことですが、生年月日がまちがっていたためにバイオリズム・カレンダーが正確ではなく、産み分けに失敗してしまったというケースです。戸籍に載《の》っている生年月日が実際の誕生日とちがっていたわけです。

たとえば、12月31日生まれを1月1日に変え

たとか、3月30日生まれを4月2日に変えたという話なら、両親に聞かされて承知している方もいることでしょう。ところが、およそ理由もわからずに生年月日がちがっていたというケースが、たまにあるのです。

念のため、あなたの生年月日は大丈夫ですか?

精子の5つの特徴を頭に入れておきましょう

男の子に生まれるか、女の子に生まれるか、それは性染色体の組み合わせで決まるということが、第1章の31ページのところでおわかりいただけたでしょうか。

精子と卵子の出会いは偶然の運。私も基本的にはそう思います。

何億もある精子のなかから、たったひとつだけが選ばれるわけですから、これはもう縁ですね。卵子に〃意思〃があるのかないのかわかりませんが、要するに、卵子がX精子、あるいはY精子のどちらを選ぶか、それが問題なのです。


男女産み分け法は、この精子と卵子を意図的に結合させる(といっても、私が考案した『スリーステップ方式』には副作用をともなうような人工的な面はありませんから、卵子が〃戸惑う〃ようなこともありませんので安心です)ことにより可能になるといえます。

そして産み分けの成功率のうち70パーセントは女性のバイオリズムを活用している、という私の方式の基本にあるのは、〃卵子には、男の子をつくる精子(Y精子)を選びやすいコンディションのときと、逆に女の子をつくる精子(X精子)を選びやすいコンディションのときがある〃という考え方です。女性のコンディション、つまりバイオリズムを調べ、卵子の〃気まぐれ〃も精子の〃競争〃もコントロールしてしまおうというわけです。

さてそこで、『スリーステップ方式』の実践篇に入る前に、性別を決める染色体が異なる2種類の精子(X精子とY精子)の〃性格〃について話しておきましょう。

卵子に選ばれるためにはどうしたらいいので

しょうか。そのヒントになるのが、つぎにあげる〝精子がもつ5つの特質〟です。

① 射精された精子の数は、Y精子がX精子の2倍もある
② X精子はY精子より重い
③ Y精子はX精子より敏捷《びんしょう》性がある
④ X精子は体内で3〜4日生きているが、Y精子は24時間しか生きられない
⑤ Y精子はアルカリ性に強く、X精子は酸性に強い

これらの要素を『スリーステップ方式』を実践するなかで上手に利用すれば、産み分けがかなり可能になるというわけです。この5つの特質を頭のなかに入れ、〈女の子〉〈男の子〉の産み分け実践篇へと進んでいきましょう。

こうすれば女の子ができます！

ステップ①
感情リズムがプラス期、身体リズムがマイナス期の排卵日2日前が狙いめ！

夢ではありません。『スリーステップ方式』にそって正しく実行すれば、あなたがほしいと願っている〞女の子〞を授かる可能性がじゅうぶんにアップするのです。

これから説明する内容をゆっくりと頭に入れながら読みすすめてください。

さて、それでは《ステップ①》バイオリズムの活用からはじめましょう。

まず最初にしてほしいことは、あなたの正確な〞排卵日〞を知ることです。排卵日は毎日一定時刻に体温を計り、その温度変化から予想できます。

ふだんから基礎体温を計っている方もいらっしゃるようですが、これからという人は、さっそくはじめてください。

また、「私は生理の周期が決まっているので、排卵日もわかります」とおっしゃる方も、やはり基礎体温を記録して、より正確な日をつかんだほうが安心です。

期間は3カ月以上です。これくらい長くデータをとれば、より正確につかめます。それに、生理不順の方も基礎体温がわかれば〞そろそろ〞と予想もつきやすくなります。

とくに生理不順が気になる方は6カ月ぐらいつづけて記録したほうが確実でしょう。

基礎体温表のつけ方は、102ページの〞排

女の子を産むためのバイオリズム・カレンダー例

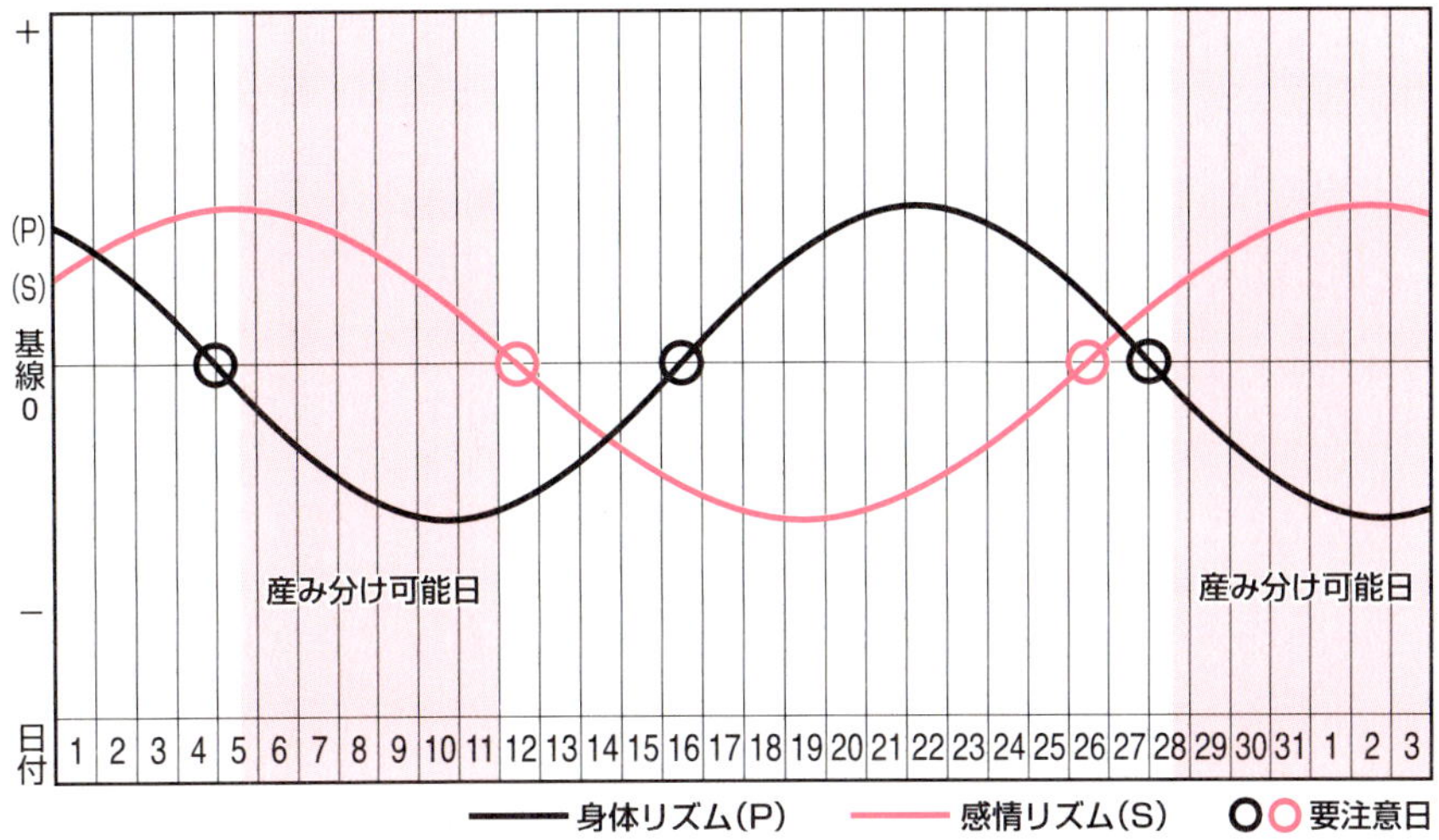

卵日の記入方法〟を参考にしてください。

「グラフをつくるのがめんどうで……」とおっしゃる方は、薬局を訪ねてください。３００円前後で売っています。

基礎体温をつけはじめたら、今度はいよいよ奥様の〝バイオリズム・カレンダー〟をつくります。女の子は感情リズム（Ｓ）がプラスで身体リズム（Ｐ）がマイナスのときが〝産み分け可能日〟でしたね。

上に、女の子を受胎する可能性が高い期間を記した見本図があります。

あなたもさっそく本書の付録についているバイオリズム・カレンダー用シールを使って、グラフを作成してみてください〈なお、知性リズム（Ｉ）は産み分けには直接関係がありませんので、ここでは省いたほうがいいでしょう〉。

〝０《ゼロ》〟の基線を境にして、Ｓがプラス期でＰがマイナス期にある期間が〝産み分け可能日〟です。

大切な点は、ふたつのリズムが基線を境にどの位置にあるかをまちがえないことです。ふたつのリズムが交わったところではありません。

念のため。

どうですか？　バイオリズム・カレンダーを見れば、6カ月のあいだに何回チャンスがめぐってくるかがわかりますね。

しかし、ここで「まあ、結構あるじゃない」と安心していてはいけません。

そのグラフに、あなたの排卵予想日を記入してみてください。がっかりするかもしれませんが、バイオリズムによる産み分け可能日にあなたの排卵日が重なるという条件が加わると、実はそれほどチャンス日はやってこないのです。

しかし、私は『スリーステップ方式』なら80パーセントの成功率を確信しています。ですから、諦《あきら》めずに努力してください。

大切なことは《ステップ③》でも説明しますが、〝女の子がほしいなら、排卵日当日のセックスは避けること〟です。

排卵日に入ると、女性の膣にはアルカリ性の分泌物が侵入してくるのでしたね。アルカリ性を好むのは、男の子をつくるY精子。女の子をつくるX精子は酸性好みです。


ですから、膣の状態が酸性のままのときが、チャンス日（実行日）というわけです。理由はほかにもありますが、それは《ステップ③》でお話しましょう。

ステップ②　妻は魚肉中心、夫は野菜中心メニューを！

《ステップ②》は食事の管理です。女の子がほしいときは、〝産み分け実行日〟の10日前から、女性は酸性の食品を、男性はアルカリ性の食品を中心にとるようにしてください。

左ページに女の子を希望する場合のメニュー例をあげましたので、参考にしてください。

私の産み分け法に関していえば、食事の管理は産み分け成功率80パーセントのうち、わずか2～3パーセントほどですが、それでも行なうことをすすめています。

さて、つぎにアルカリ性食品や酸性食品にはどういうものがあるのかご存知ない方、または誤解している方が意外に多いようなので、ここで少し詳しく話しておきましょう。

女の子を産みたいときの献立例

	女性	男性
朝食	ひき肉とたまねぎ入りのオムレツ ココア	キャベツ、にんじん、もやし、ピーマンの炒めもの 牛乳
昼食	アジの開き のり つまみ菜のおひたし りんご	お弁当（炊き込みごはん、じゃがいもと、いんげんの煮もの） バナナ
夕食	オイル焼き（牛肉、ホタテ、貝、イカ、たまねぎ、にんじん） 大根おろし トマト	オイル焼き（アサリ、しいたけ、たまねぎ、じゃがいも、なす、ピーマン） 大根おろし りんご

（女性は酸性食品を、男性はアルカリ性食品を中心にとる）

アルカリ性の食品とは、食品に含まれる無機質のうち、ナトリウム、カリウム、カルシウム、マグネシウムなどがリン、イオウ、塩素などにくらべて多く含まれている食品をいいます。野菜や果物などの植物性食品がその多くを占めますが、これがかならずしもそうとは限らないのでややこしいのです。

１０９～１１０ページの表にもありますが、大豆・小豆・黒豆・枝豆はアルカリ性食品ですが、グリーンピースや落花生は酸性食品です。また、豆腐はアルカリ性食品なのに、油揚げになると酸性食品に変わってしまいます。海草類も、加工した寒天はアルカリ性食品ですが、海苔《のり》は酸性食品です。ワインはアルカリ性なのに、ビールは酸性です。そしてきわめつきは〝梅干〟です。「酸性に決まってる！」と思っている方が多いのではないでしょうか。実は、梅干はアルカリ性食品なのです。アルカリ性食品は別名〝塩基性食品〟とも呼ばれ、塩分が基準になるのです。つまり、酸っぱいから酸性食品と決めつけるのは、まちがいというわけです。

酸性食品とは、食品に含まれる無機質のうち、リン、イオウ、塩素などが、ナトリウム、カリウム、カルシウムなどにくらべて多く含まれている食品をいいます。たんぱく質、脂肪、炭水化物などを含む動物性食品がその主なものになります。ただし、バターは酸性食品ですが、ミルクはアルカリ性食品ですから要注意！

そのほか酸性食品、アルカリ性食品については１０９～１１０ページの食品成分表と、１０６ページからの《ステップ②》をもう一度参考にしてください。

おわかりいただけたでしょうか。これらのことを知ったうえで、〝10日間の食事管理〟をおふたりそろって実行してください。そしてあくまでも〝中心に〟ということを忘れずにいてください。どちらかにかたよった食事だけで、10日間もすごす必要はありません。体調をくずしてしまったら、最初からやり直しとなってしまいますから……。

私は野菜が大好きなので、女の子の産み分けのときの10日間のメニュー制限はとても楽でした。そのかわり、妻にとっての魚肉中心メニューは、かなりハードだったようです。食事管理は、ふたりで行なえば効果も大です。10日間なんてすぐですから、がまん、がまん。

ステップ③ 禁欲せずに、浅く挿入、あっさりとしたセックスを!

《ステップ③》はセックスの方法です。

「先生、《ステップ③》だけでも産み分けができるのではないですか?」

という声がきこえてきそうです。

たしかにこれからお話する《ステップ③》セックスの方法は、微に入り細にわたりの解説で、迫力、そしてなによりも〃実感〃をおもちになるでしょう。

しかし、〃今夜の儀式〃で答が出るのですから、失敗のないよう慎重に行なってください。

性別を女の子に決めるのはX精子です。なにがなんでもY精子には負けられません。

XがYに勝つための作戦・その1〈禁欲・不要〉

女の子を受胎したいときは、とくに〃禁欲〃をする必要はありません。なぜなら、その日のためにより濃い精液をとっておく必要がないわけです。ほしいのは女の子になるX精子です。Y精子が元気に泳いでいては、邪魔《じゃま》になります。ただし、年に3、4回しかないチャンス日(実行日)を逃さないように。

実行日は〃排卵日の2日前〃。排卵日当日のセックスはぜったいに避けます。

理由は、排卵日の膣周辺はアルカリ度が高まっているのでこれを避けるため。また、射精後2日後ともなれば、男の子になるY精子の元気はなくなり、生き残っているのは女の子になるX精子が多いという状態になるからです。念のため、チャンス日(実行日)の2日前か3日前に一度セックスをして、ご主人に精液がたまらないようにするのもいいでしょう。

XがYに勝つための作戦・その2〈禁・絶頂〉

女の子が生まれてくる可能性を大きくするた

めには、あっさりとしたセックスをすること。

女性がオーガズムに達したと同時に射精すると、膣はアルカリ性になっていますから、Y精子が活躍してしまいます。これでは男の子が生まれる可能性が高くなります。

ですから、オーガズムに達する前に射精してください。ということは、前戯《ぜんぎ》もしないほうがよく、女性のほうには不満が残るかもしれませんが、しかたありません。

味気ないセックスのようですが、女の子を産み分けるためには、セックスのタイミングをつかむことが大事ですからがまんしてください。

XがYに勝つための作戦・その3〈体位〉

作戦1、2を成功させるには、つぎにあげる3パターンがお勧めの体位です。

ポイントは〝ペニスの挿入はできるだけ浅く〟ということ。
＊伸長位―― 女性の脚がまっすぐ伸びていますから、ペニスが深く入りにくくなります。深く入らないということは女性への刺激が薄く、それだけオーガズムに達しにくいわけです。したがって、膣内は酸性状態のままですから、X精子が行動しやすくなります。ご主人は、奥様が〝達してしまう前〟に射精してください。
＊騎乗位―― 女性が男性の上になって、上体を起こすので、ペニスがまっすぐ垂直に挿入されます。ということは深く挿入されるのですが、膣の入口は下を向いていますから、射精された精液が噴水のようになって、子宮に向かって上に流れ込むのはたいへんです。時間がたてば、Y精子が脱落してX精子が生き残ります。
＊側臥位―― 男性が女性の横になって寝た形でペニスを挿入するので浅い挿入になります。女性もこの形だとオーガズムに達しにくく、酸性状態の膣のなかでY精子は生き残れず、子宮に到達できるのはX精子だけとなります。
というわけで、女の子の産み分けは淡泊なセックスが重要といえます。

ただし、実行日前のセックスのやりすぎには気をつけてください。受精能力が低下することもありますから。

女の子を生みたいときのセックスの主な体位

〈伸長位〉

ペニスが 入りにくく
オーガズムに 達しにくい

〈騎乗位〉

膣口が 下を
向いているので
精液が
子宮に 入りにくい

〈側臥位〉

結合が 浅く
オーガズムに
達しにくい

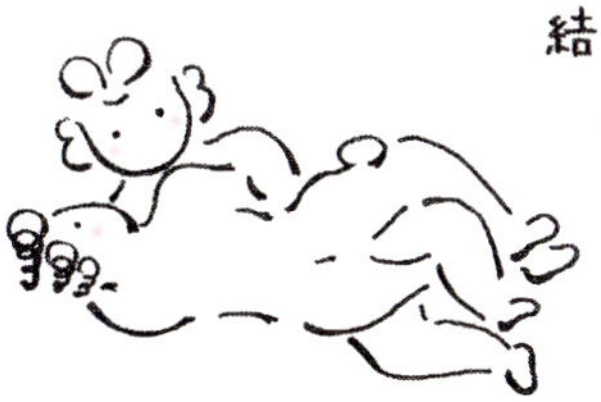

こうすれば男の子ができます!

ステップ①
身体リズムがプラス期、感情リズムがマイナス期の排卵日当日がチャンス!

男の子を望む場合、とくに気をつけたいのは排卵日を正確につかむことです。将来、息子さんに「あなたをほしくて産んだのよ」と話してあげられるように、これから説明する内容をしっかりと理解しながら読んでください。

さて、まず《ステップ①》のバイオリズムの活用ですが、基本的には女の子のケースとおなじです。はじめに、あなたの〝排卵日〟を正確につかんでください。その方法は102ページおよび130ページの〝こうすれば女の子ができます〟の項にありますから、参考にしてくださ い。

とくに男の子を望む場合、何度もいいますが、排卵日を正確につかむ必要があります。なぜなら、排卵日のまさにその日が、男の子を授かるチャンス日(実行日)だからです。排卵のあった日、およびその直後の子宮内部はアルカリ度が増し、ふだん酸性を保っている膣のなかまでも、アルカリ性を帯びます。思い出してください。性別を男の子にするY精子は、アルカリ性に強かったのでしたね。私がとくに排卵日を正確につかんでくださいと強調するのは、そのためです。

つぎに、奥様の〝バイオリズム・カレンダー〟をつくります。

男の子は身体リズム(P)がプラス、感情リズ

男の子を産むためのバイオリズム・カレンダー例

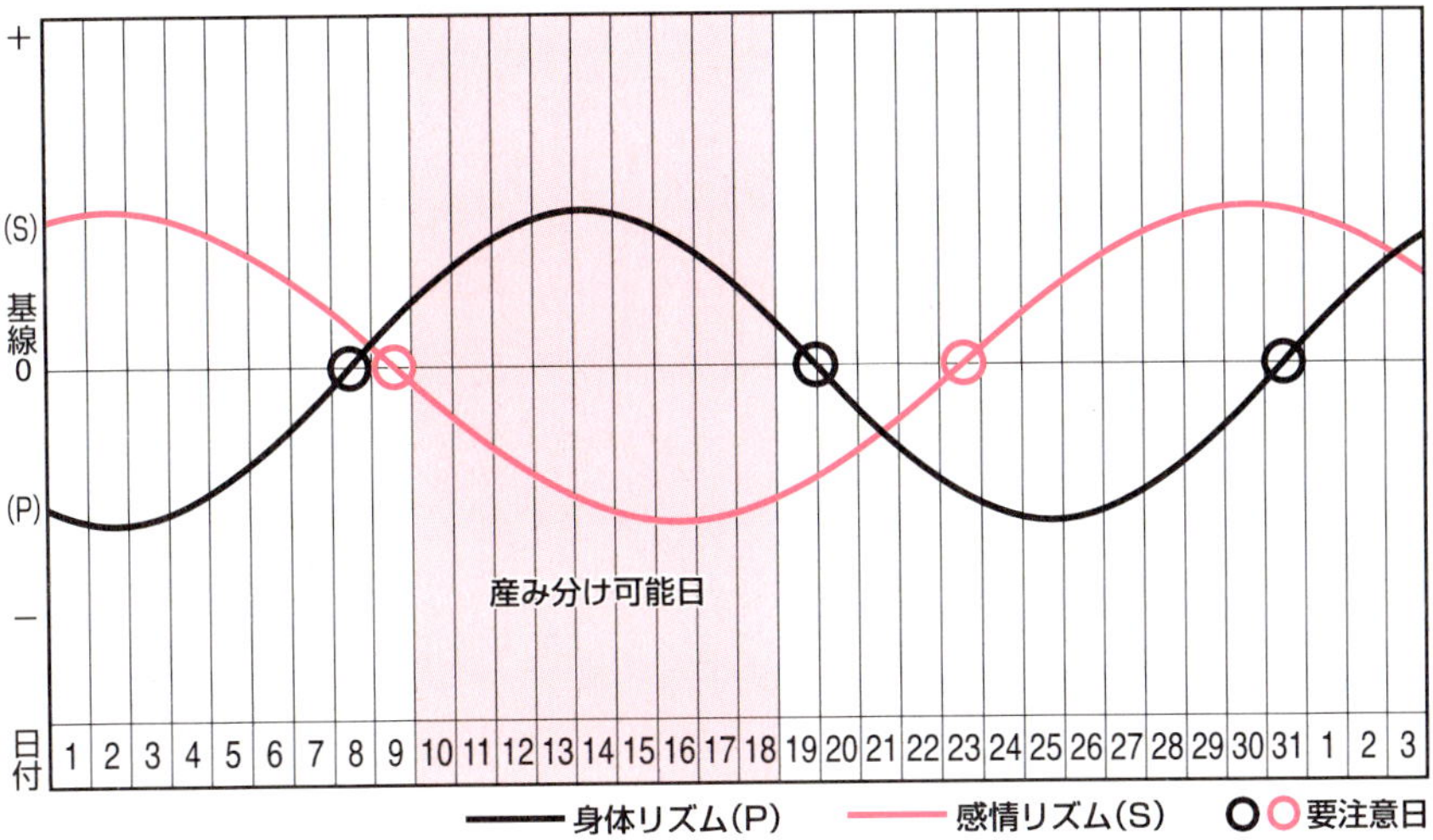

ム（S）がマイナスのときが、〃産み分け可能日〃でしたね。

上に男の子を受胎する可能性が高い期間を記したグラフがあります。

チャンス日のつけ方をまちがえないように、6カ月間のバイオリズム・カレンダーをつくってください。

できあがったらそこに〃排卵予想日〃を記入していきます。

ステップ②
妻は野菜中心、夫は魚肉中心メニューを！

《ステップ②》は食事の管理です。男の子がほしいときは、女の子がほしいときとまったく逆の食品をとります。

つまり、実行日まであと10日となったら、女性はアルカリ性食品を、男性は酸性食品を中心にとればいいのです。

さて、141ページに男の子を希望する場合のメニュー例をあげてみました。とくに気をつけていただきたいのは外食です。昼食も夕食も外食がつづくようなら、このメニューや109〜110ページの表を思い出して、あまりはずれていないものを食べるよう心がけてください。

ステップ③
禁欲して、深く挿入。オーガズムに達すること！

性別を男の子に決めるのはY精子です。なにがなんでもX精子には負けられません。《ステップ③》はセックスの方法です。

YがXに勝つための作戦・その1〈禁欲〉

チャンスは排卵日にやってきます。実行日前の5〜6日間は完全にがまんしてください。ご主人にとってはとくにつらいかもしれませんが、奥様だっておなじです。じっとがまんして〝そのとき〟になったら、とっておきの最高に濃い精液を射精してください。排卵日当日の膣内はアルカリ度が最高値に達しています。そこに濃くて元気いっぱいのY精子が飛びこむのですから、卵子が、X精子より元気なY精子のほうを選ぶ可能性は大です。

YがXに勝つための作戦・その2〈絶頂〉

女性はオーガズムに達すると膣内部のペーハー（PH）が大きく変化します。つまり、平常時はPH4前後の酸性を保っているのが、1回オーガズムを感じると5〜6にも上昇するのです。PH7が中性、PH6以下が酸性、PH8以上がアルカリ性です。

ということは、1回のオーガズムでずいぶん変化があるのですから、2回3回とつづけばさらにアルカリ度は高まるわけです。ご主人は奥様がオーガズムに達するように時間をかけ、はやる気持ちを押さえて奥様がオーガズムに達したら射精してください。絶対早すぎないこと！

YがXに勝つための作戦・その3〈体位〉

男の子がほしい場合は、つぎにあげる3パターンがおすすめの体位です。

＊正常位――女性にとってもっとも安定感があり、しかもオーガズムに達しやすい体位です。女性の脚が大きく開いていますから、ペニスは挿入しやすく、しかも奥深くまで入ります。

男の子を産みたいときの献立例

	女性	男性
朝食	キャベツのみそ汁 とろろ昆布 切り干し大根 バナナ	キャベツのみそ汁 ベーコン．エッグ のり
昼食	さつまいものレモン煮 にんじん、もやし、キャベツの炒め煮 牛乳	牛肉のソテー トマトジュース
夕食	お豆腐の五目あんかけ 生ザケとスライス玉ねぎのマリネ	生ザケのワイン蒸し煮 玉ねぎのカツオブシ和え

（女性はアルカリ性食品を、男性は酸性食品を中心にとる）

＊後背位――膣の状態が水平になりペニスの挿入が楽です。射精後、女性の体をうつぶせに沈めます。うつぶせになると膣が下向きになり、精液がいっきに子宮口へ流れます。

＊屈曲位――正常位の変形ですが、女性の脚は大きく開き、しかも曲がっています。この形で挿入したペニスは子宮口まで届いて、精液はじかに目的地に流れます。

さあ、どれでもお気に入り（!?）の体位を駆使して、少しでも奥深く精子を膣へと流してください。そして、〝もっと深く〟挿入してください。ペニスが深いところにあればあるほど、射精も子宮口に近いところで行なわれるわけです。ということは、卵子までの距離がより短くなり、しかも周囲はアルカリ性地帯なので、Y精子には有利だからです。

このようにして、射精もうまくいきセックスにも満足したあとは、しばらくじっとしていましょう（ペニスは挿入したままで）。細かい話ですが、精子の流出ということが起きかねませんから……。

実行日の雰囲気づくりを大切にすることもポイント！

ところで、産み分けでのセックスの方法について説明するとき、男の子を希望するご夫婦には、「奥様、新婚当時を思い出してかわいがってもらってください」といえるからいいのです。

ところが、女の子を希望する場合は、「セックスはあっさりしてください、軽くしてください」といわなければなりません。

どうしてかは、135ページを読んでいただくことにして、なぜこれがいいにくいかというと、私が電話などで相談にのる相手はほとんどが女性です。男性が電話でアドバイスを受けることはまずありません。数字でいえば200人にひとりでしょうか。

しかし、セックスに関していえば、実際は男性の〝役目〟のほうが多いと思います。ですから、女性の方に「あのー、もう少し細かいことを」などといわれると、「こうしてもらってください」と具体的にお話しなければならないので、私と

男の子を生みたいときのセックスの主な体位

〈正常位〉

女性は安定感が
あり、オーガズムに
達しやすい
ペニスの挿入も楽

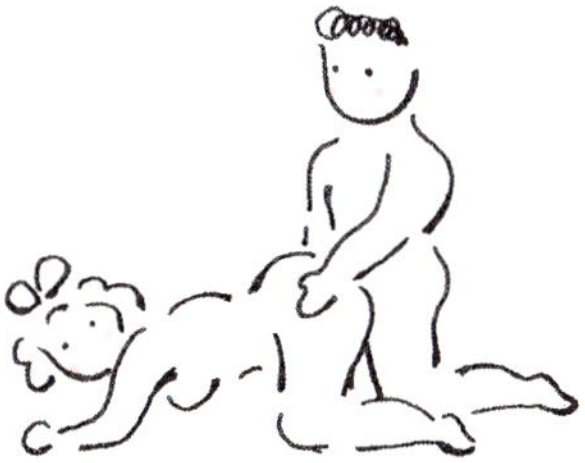

〈後背位〉

膣が水平に
なり、
ペニスの挿入が
しやすい

〈屈曲位〉

挿入したペニスは　子宮口まで届き
精液は一気に子宮に流れる

“男の子産み分け”のセックスは、花を飾ってリラックス

しても少し答えにくいわけです。

男の子がほしいときは、そのときの雰囲気づくりのために、シーツをピンク色のものに変えてみたり、花を飾ったり、新婚旅行を思い出してアルバムを出してみたりするのもいいですね。

こういうことをするだけでも、ご主人の気持ちが若返って、奥様に接するとき、ふだんより新鮮な気分でアタックできるのですから。

どうしたらご主人がその気になるか、アレコレ私も実体験があるからこそ、いろいろお話できるわけなのですが、ただ、「先生が指導しているから、がんばらなくちゃダメよ」とか、「本に書いてあるから、今日はわたしを可愛がらなくちゃダメ」などといわれても、そうはいかないのが男なのです……。

バイオリズム・カード ＊実用新案出願中

………年………月

身体リズム：青　感情リズム：赤　知性リズム：緑

＋
基線 0
－

日付 1 2 3 4 5 6 7 8 9 10 11 12 13 14 15 16 17 18 19 20 21 22 23 24 25 26 27 28 29 30 31

………年………月

身体リズム：青　感情リズム：赤　知性リズム：緑

＋
基線 0
－

日付 1 2 3 4 5 6 7 8 9 10 11 12 13 14 15 16 17 18 19 20 21 22 23 24 25 26 27 28 29 30 31

………年………月

身体リズム：青　感情リズム：赤　知性リズム：緑

＋
基線 0
－

日付 1 2 3 4 5 6 7 8 9 10 11 12 13 14 15 16 17 18 19 20 21 22 23 24 25 26 27 28 29 30 31

………年………月

身体リズム：青　感情リズム：赤　知性リズム：緑

＋
基線 0
－

日付 1 2 3 4 5 6 7 8 9 10 11 12 13 14 15 16 17 18 19 20 21 22 23 24 25 26 27 28 29 30 31

………年………月

身体リズム：青　感情リズム：赤　知性リズム：緑

＋
基線 0
－

日付 1 2 3 4 5 6 7 8 9 10 11 12 13 14 15 16 17 18 19 20 21 22 23 24 25 26 27 28 29 30 31

………年………月

身体リズム：青　感情リズム：赤　知性リズム：緑

＋
基線 0
－

日付 1 2 3 4 5 6 7 8 9 10 11 12 13 14 15 16 17 18 19 20 21 22 23 24 25 26 27 28 29 30 31

第4章

バイオリズムは胎教や育児にも有効です

バイオリズムを使えば胎教の効果も上がります

出産予定日までのバイオリズム・カレンダーをつくりましょう

さて、『スリーステップ方式』を実践して、予定どおり受胎しました。あとは元気な赤ちゃんが誕生するのを待つばかりです。〝産み分けのためにやることはやった〟のだから、あとはお祈りをして神様におまかせするだけという気持ちかもしれません。そして、

「長いあいだ頭から離れなかった、この赤枠つきバイオリズム・カレンダーともいよいよお別れね。記念にとっておきましょう！」

などといって、6カ月分のバイオリズム・カレンダーは〝お役御免〟とばかり、もう引き出しに入れてしまった方もいるかもしれません。しかし、ちょっと待ってください。あなたのバイオリズム・カレンダーはまだまだ〝活用〟できます。ここでさよならするのは早すぎます。

本来、バイオリズム・カレンダーは、人間の体調や行動などの好調な時期や不調な時期をあらかじめ教えてくれるものです。つまり、〝男女産み分け〟のためにつくったバイオリズム・カレンダーは、さらにいろいろな分野で活用できるのです。たとえば、妊娠中のあなたの健康管理や、おなかの赤ちゃんに影響を与えるような事故防止などにも役立ちます。

せっかくですから、もう少しバイオリズム・カレンダーを利用されてみてはいかがでしょうか。

とりあえず、バイオリズム・カレンダーは、

妊娠中のバイオリズムで母子双方の健康管理

出産予定の月まで必要です。しかし、私の指導は、6カ月分の単位でつくっていますから、出産予定の月まではないかもしれません。そこで、出産予定の月まで延長してつくっておきましょう。

(なお、ガイド数の求め方などバイオリズム・カレンダーのつくり方は、産み分け以外の目的で活用する場合でも、84ページで紹介している方法と変わりありませんので、ここでは省略します)。

身体と感情に加えて知性リズムも必要になります

さてつぎに、もうひとつ大事なことがあります。

産み分けに必要なバイオリズムは、〃身体リズムと感情リズム〃だけでした。しかし、あなたの生活状態や、事故防止のための好調期や不調期を見る場合は、〃知性リズム〃も大いに関係してきます。

したがって、バイオリズム・カレンダーには、知性リズムの波線も加えなければなりません。

知性リズムのガイド数もやはり、身体リズムや感情リズムの場合とまったくおなじ方法で求めます。

　そして、ガイド数が計算できたら、本書付録の、知性リズムの波線がプリントされているバイオリズム・シール（緑の波線）をガイド数の日付のところでカットし、やはり付録についている〝台紙〟の左端（一日《ついたち》の位置）に貼ります。

　なお、知性リズムの基本周期は33日ですが、月によって1カ月の日数が28日、29日、30日、31日と異なるので、境目になる日付をまちがえないようにしてください。

お母さんの元気は赤ちゃんの元気です

　赤ちゃんの身体リズム、感情リズム、知性リズムは、いつスタートすると思いますか？

　実は赤ちゃんのバイオリズムは出産、つまりお母さんの胎内から出てくると同時にスタートします（100ページ参照）。

　ということは、お母さんのおなかのなかにいる赤ちゃんは、お母さんのバイオリズムの調子のままに成長をつづけているわけです。

　いいかえれば、胎児は〝母親のバイオリズムの影響を受けながら〟人間と成るべく成長しているわけです。

　ですから、妊娠中の母親は、できるだけ健康で、ストレスや心配ごとなども少なく、平穏な生活を送ることが大切といえるでしょう。

　お母さんが元気なら、赤ちゃんも元気です。大変でしょうが、〝私はお母さん〟という自覚をもってください。

3つのリズムの3つの時期には、それぞれ最適なすごし方があります

　身体リズム、感情リズム、知性リズム、この3つのリズムは、妊娠中の母親にどのような影響を与えているのでしょうか。

　それぞれのリズムの意味と役割、そしてその利用法などについて話す前に、『スリーステップ方式』のなかにも出てきた〝要注意日〟とか〝準要注意日〟についておさらいしてみましょう。

妊娠中の好調・不調は「知性リズム」も影響する

もうおわかりのように、〃要注意日〃とは、バイオリズムの波線がマイナスからプラスへ、あるいはプラスからマイナスへ移り変わる日のことで、付録のバイオリズム・シールの波線のなかに○印がついている日のことをいいます。ちょうど、プラス期とマイナス期の境の基線になるところです。そして、〃準要注意日〃はその前後1日ずつを指します。

では〃要注意日〃とは、どういう日のことをいうのでしょうか。

私は、心身のコンディションが不安定になる日を〃要注意日〃と呼び、その前後各1日を〃準要注意日〃と呼んでいます。

心身のコンディションが不安定な日ですから、日常生活にとくに注意しなさいというわけです。しかし、ここで読者のみなさんのなかには、

「それでは、バイオリズムがマイナスを示している期間は低調なんだから、その期間も全部要注意日ではないのかしら?」

と思われる方がいるかもしれません。

実は、バイオリズムの周期を刻んでいく〃波〃

には、それぞれ特徴的な意味があります。

つまり、人間の日常生活にあてはめてみると、プラスの時期は〝昼間の活動期〟に、マイナスの時期は〝夜の休息期〟に、そして、〝要注意日（○印がついている日）〟は、寝起き、もしくは寝入りの〝寝ぼけ（不安定）状態〟にあたるのです。

そしてとくに、〝寝ぼけ状態〟にある〝要注意日〟には、ヘマやポカ、そして交通事故などさまざまな事故を起こしやすいのです。

というわけで、バイオリズムがプラス期にあるときには積極的に行動をし、マイナス期にあるときにはオーバー・ワークにならないように心がけ、〝要注意日（1カ月に6～7日）〟だけはとくに注意して生活すれば、ヘマやポカ、そして事故などを減らすことができるのです。

ところで、私は産み分けの『スリーステップ方式』で、〝要注意日〟を○印で表示しています。それはバイオリズム・カレンダー作成の都合上、平均をとって、赤ちゃんが正午（12時）に生まれることにしているため、正午を中心に囲む○印方式を採用しているのです。そうすれば、誤差が最大12時間だからです。一般にバイオリズム曲線は、午前0時に生まれる想定で描くことが多いのですが、これでは誤差が最大24時間になります。○印方式のほうが見やすいことも利点です。そして、要注意日の前後各1日を〝準要注意日〟と呼んでいます。

さてそれでは、これらの〝要注意日〟はどうすごせばよいのかというと、いちばん大切なのは〝無理をせずに〟ということです。

たとえば、産み分けを実践しようという方には、私は〝要注意日〟を〝産み分け可能日〟のなかに加えないように指導しています。つまり、産み分けのためのセックスは、これらの日を避けてくださいと指導しているのです。

〝要注意日〟は、生活のリズムが高調期から低調期へ、あるいは低調期から高調期へと一気に変わる日で、体調はたいへん不安定になります。

それはどのような状態かというと、頭の回転が鈍くなってボンヤリとしていて、さきほどもいいましたが、まるで寝起きのような感じなのです。

プラスとマイナスが変わる"要注意日"は心身が不安定

そして私の調査によると、実際この時期に、夫婦げんか、むだ使い、仕事のミス、交通事故などなど、失敗や後悔するケースが集中していることがわかっています。

さて、このようにバイオリズムの周期には、かならず〝特別に注意すべき日〟のあることがわかりましたでしょうか。

ですから、妊娠中の方は、とくにおなかのなかの赤ちゃんのことを考えて、この日の健康や行動に注意してほしいのです。

ちょっとぐらい寒くても大丈夫とがまんして、薄着をして風邪をひいてしまったとか、衝動買いに後悔してストレスがたまってしまったとか、いろいろありますが、あなたの行動が原因で、おなかの赤ちゃんが安らかな状態を保てなくなることもあるのです。

それではこれから、出産を控《ひか》えた女性のために、各リズムがもつ特徴とその活用法について話しましょう。

なお、男女産み分け『スリーステップ方式』に関係する各章で、すでにお話していることもありますが、バイオリズムの効用をよりいっそう理解していただくためにも、ここでもう一度、さらに詳しく解説することにしました。

身体リズムがマイナス期、要注意日には無理は禁物です

身体リズム（P）――23日周期のリズム。本書付録の透明シールは青線で、本文中は黒の実線（――）にて表記。

このリズムは、とくに体の調子の好調と不調を示します。

たとえば、家事、外出（旅行も含む）、スポーツ、セックスなどの〝行動〟や〝体力〟について、〝いまは積極的に行動しても大丈夫〟とか、〝いまは怪我《けが》をしやすいからほどほどに押さえたほうがよい〟などと判断してくれるリズムなのです。

そして、妊娠中はとくに体調が変化しやすいので、自分のバイオリズムを知っていれば、母体だけでなく胎児のすこやかな成長にとってもプラスになるわけです。

午前中はとても調子がよかったのに、午後になると急に眠くなったりだるくなったり、また、昨日にくらべてお化粧ののりが悪くなったというような経験のある方もいるでしょう。

なにしろ、おなかのなかでひとつの生命がこの世に出られるよう日々成長をつづけているのですから、腰痛やつわり、足のむくみなどの障害はつきものです。それは、私たち男性には想像もつかない体の変調にちがいありません。

つまり身体的に相当デリケートになっているわけですから、身体リズムの変化（プラス期にあるとか、マイナス期にあるとか）に対しても敏感に反応してしまうということになるのです。

したがって、妊娠中のバイオリズムを知っておけば、体調の変化に対して無理をしないように気をつけたり、適度に家事や運動をするよう心がけられるようになり、その結果、安産を迎えられるというわけです。お母さんが身体的に安定した生活をしていれば、胎児の成長にも悪い影響は与えないでしょう。

ちなみに、胎児とは受胎後約8～11週たった3カ月めからをいいます。それまでは胎芽《たいが》と呼

母親がバイオリズムに注意すれば、赤ちゃんも元気

ばれます。

◇身体リズムがプラス期のとき◇

身体リズムの周期がはじまって2日めから11日めまで（出産の日までリズムの1周期ごとに、その都度めぐってきます。以下、各リズムについても同様）。

この期間は高調期で、体内のエネルギーが充実しています。スタミナがあり、精気にあふれています。

買い物に行ったり、編み物や洋裁をしたり、実家に体の調子を報告に行ったり、掃除をしたり、散歩をしたり、あるいは、スイミングに行ったりなど、無理をしない程度に外出やスポーツを。また、場合によっては、セックスなどもこの時期にすることをおすすめします。

ただし、妊娠初期と後期のセックスは、流産の心配も大いにあるので、この点はとくに注意してください。

そして、妊娠中も仕事をつづけている方は、外に出て働くだけでも、かなりつらいと感じる

こともあるでしょうから、せめて家庭では、体の調子がいいプラス期といえども無理はしないことです。

そのほか、バス・タブのお掃除とか、布団の上げ下ろしなどはご主人に頼んでしてもらいましょう。

また、虫歯の治療や、パーマをかけたりカットをするなど、美容室に行くのも、この時期を見つけてすませたほうがよいでしょう。

◇身体リズムが要注意日のとき◇

身体リズムの周期がはじまって最初の日、12日め、13日め、そして24日め（○印の日）の4日間が要注意日です。

この時期は、病気や事故などがいちばん起こりやすいのです。

とくに、妊娠中に起こりやすい症状（貧血、頭痛など）が出がちなので、遠出、スポーツ、重い物をもちあげるなど、体に無理を与える動作は控《ひか》えるようにしたほうが安全です。

とくに妊娠中の方は、身体リズムの要注意日は、階段の上り下りや歩行時に足を滑らしたり、つまずいたりといった事故が多いですから、慎重に歩いてください。うっかり転んでお腹や腰を打ったら、大変です。

また、要注意日なのに、体調がよいからといって家事などに張りきりすぎると、疲れが残って「つらいな……」と、あとでボンヤリしてしまうかもしれません。

ともかく、この時期はゆったりとすごしていたほうが、おなかのなかの〝小さな生命〟もリラックスできるのです。

産み分けの『スリーステップ方式』では、この時期に〝実践すること〟（つまり、産み分けのためのセックス）を避けるように指導していますが、妊娠中の方もやはり行動は控《ひか》えめにしたほうがよいようです。

◇身体リズムがマイナス期のとき◇

身体リズムの周期がはじまって14日めから23日めまで。

この期間は、使ってしまった〝エネルギーを

虫歯の治療や美容室へは、身体リズムがプラス期に

補充するための休息のとき〃であり、低調期と考えてください。

つまり、スタミナがなくなっていますから、近所のスーパーに少し買い物に出るなど、ちょっとしたことでも疲れてしまう人もいます。

スタミナの欠乏が原因で、集中力がなくなったりストレスがたまったりして、赤ちゃんの居心地を悪くしないように、この時期は睡眠、栄養、そして休養をたっぷりとってのんびりと生活してください。

また、里帰りをしてゆっくり暮らすのもよいでしょう。気分転換にもなるし、無事にマイナス期を乗りきれると思います。なお、車の運転、旅行、スポーツ、根気のいる作業（編み物など）などは、プラス期がやってくるまで控《ひか》えたほうがよいかもしれません。

ところで、マイナス期と要注意日とはどうちがうのかというと、マイナス期はエネルギーの充電期間なので、あまり無理をしないようにすべき時期。

そして要注意日は、プラス期とマイナス期が

まさに入れ替わろうとするもっとも不安定な時期なので、じゅうぶんに注意すべき日、ということになります。

結局、いずれの時期も〝無理は禁物〟と心がけておくべきでしょう。

感情リズムがプラスのときは胎教が生かされます

感情リズム（S）——28日周期のリズム。付録の透明シールは赤線で、本文中も赤線にて表記。

このリズムは、とくに感情の安定と不安定を示します。

たとえば、夫婦げんかをしたり、ちょっとしたことでクヨクヨしたり、理由もわからずイライラしたり、そのいっぽうで、明るい音楽を聞きたくなったり、誰かと話したくなるなど……。感情の起伏や機嫌などの心の動きを、上手にコントロールできるように判断してくれるのが感情リズムです。

では、なぜ、お母さんがイライラしたり悩んだりすると、おなかの赤ちゃんが困るのでしょうか。

それは、母体に精神的な動揺が表われると、ホルモンや血液中の成分に変化が起こり、それが原因で胎盤などに支障をきたし、いずれ胎児にも伝わってしまうからです。

◇感情リズムがプラス期のとき◇

感情リズムの周期がはじまって、2日めから14日めまで。

この期間は、陽気でしかも楽天的になれるうえに協調性もあり、気力も旺盛《おうせい》な好調期といえます。女性はこのリズムにいちばん影響をうけやすいといわれています。

奥様がイライラしたりクヨクヨしたりしにくいということは、とくに激しい夫婦げんかもないでしょうし、また、姑ともうまくやれるにちがいありません。

そして、気分がウキウキしているこの時期に、ベビー洋品の買い物などに出るのもいいでしょう。

また、あまりおっくうにならないので、タン

感情リズムがプラス期に聴くよい音楽は、まさに胎教

スの整理、細かいところの掃除など、めんどうくさいこともかたづけてしまいましょう。

感受性も豊かになりますから、映画を見に行ったり、ビデオを見たり、音楽を聴いたり、絵を見たりするのも気分転換になってよいでしょう。

ただし、外に出かけて絵画や映画鑑賞をする場合、ふだんはあまり行かない映画館やホールに入って、楽しむどころか人いきれに疲れてしまうようでは逆効果ですから、調子に乗りすぎないことです。

ところで、胎児は妊娠後約20週めごろから聴覚が発達してきます。したがって、お母さんがご主人との会話で笑ったり、心地よい音楽を聴いたりしていると、それらの音をキャッチするようになります。

そして、胎児は音をキャッチするだけでなく、自分自身も〝心身の安らぎ〟を感じているのです。〝胎教〟というのはこういうことをいうわけです。

ただし、音楽鑑賞も名画鑑賞も（胎教というと、

とくに芸術方面を意識することが多いのですが……）、日ごろまったく関心のないことなのに、〝美しいから、おなかの子に聞かせなければ――〟とばかりに無理やり目や耳にするのはおすすめできません。

ふだん、あまり好きでもなく、退屈ですぐ眠くなってしまうようなクラシック音楽を「胎教のためですもの！」とがまんして聴いていても、何の役にも立ちません。むしろ、苦痛を感じているわけですから、その苦痛はすぐ赤ちゃんに伝わってしまいます。

お母さんが苦痛に感じているのに、赤ちゃんのほうはリラックス！　などということはまずありません。〝芸術〟などと肩肘《かたひじ》張らずに、ご自分の趣味を赤ちゃんに教えてあげたらどうでしょうか。プラス期には、お母さんの美声（カラオケ？）でも聞かせてあげましょう！

◇感情リズムが要注意日のとき◇

感情リズムの周期がはじまる最初の日、15日め、29日め（○印の日）。

この日は、感情がたいへん不安定になるので、おなかの赤ちゃんの成長に不安を抱いたり、とくに、ご主人に当たってしまうことも多くなりがちです。

妊娠中はそれでなくとも、ふだんより神経が過敏になっているのですから、とくに感情リズムが要注意日に入った日などは、その激《げき》しやすさもふだんの日以上です。家族と話していても、ささいなことで口げんかをしたり失言をしたりして、対人関係が悪くなりやすいのです。

またイライラして落ち着かず、気が滅《め》入《い》ってしまうこともあります。

ところで、赤ちゃんは16週めぐらいから〝胎動〟があります。胎児が足を動かしておなかを蹴るのを、お母さん自身が感じることができます。

ところが、お母さんが精神的にイライラしたりけんかをしたりすると、胎児は活発に胎動しなくなります。赤ちゃんのほうも精神的にストレスを受けてしまうのです。

胎動が鈍るというのは、赤ちゃんの成長がそ

お母さんがイライラすると、赤ちゃんにもストレスが

れだけ進まないということ。赤ちゃんには成長したい欲求があるので、とても迷惑です。

私はイライラしたり、やたらと人に当たったりするのを自分ひとりでコントロールできたら、どれほどよいかと思います。でも、なかなかそうもいきません。

ですから、なるべく感情的にならないように、家族のみんなに協力してもらうよう話してみるのもいいでしょう。そして、家族みんなの和《なご》やかな雰囲気のなかで、すてきな出産を迎えたいものです。

あなたはいま、ふたり分の体なのですから!

繰り返すようですが、この時期、なぜイライラしたり、けんかしたりする傾向にあるのかというと、この時期は、〝注意力も散漫〟になるからです。そのために物事が思うように運ばず、イライラしたりするわけです。ともかく、要注意日がきたら、好きな音楽を聴いたりテレビを見たりして、のんびりすることです。

◇感情リズムがマイナス期のとき◇

感情リズムの周期がはじまって、16日めから28日めまで。

ふだんはそんなふうでもないのにと思うほど、なんだかイライラしたり落ち着かなかったり、また、何かをするのに変に消極的になってしまったりという気分衰退の低調期です。

ふだんはそんなでもないという人でさえ、不機嫌になったり、落ち着きがなくなったりするのですから、どちらかといえば気性が激しい方の場合は、その激しさの度合いも一段と高くなるわけです。

したがって、そういう方(自分で自分の性格を判断するのもむずかしいのですが……)は、できるだけ外出を避け、細かい仕事も後日に後回しにし、おいしいものを食べたり、子供の名前を考えたりして、ゆったりとすごすように努力することです。

あなたが安眠できなかったり、まわりの人に当たり散らしているのを、赤ちゃんは敏感に感じ取ってしまいます。そして、赤ちゃんだってションボリしてしまうにちがいありません。

そして私は、このような時期にこそ、赤ちゃんのために、絵画、お芝居、映画、コンサートなどに出かけたらよいと思うのです。とかく気分が沈みがちで、憂鬱《ゆううつ》になったりすることも多いので〝気分一新〟というわけです。それも、ご主人といっしょなら、なお効果的!

知性リズムがプラスのときも胎教の効果をアップできます

知性リズム(I)33日周期のリズム。付録の透明シールは緑線で、本文中は破線(---)にて表記。

このリズムは、知的活動が好調か不調かを示します。

産み分けの『スリーステップ方式』に知性リズムは必要ありませんでしたが、妊娠中、また出産後の育児など、日常生活においてこの知性リズムは大いに活用できます。

もちろん、女性だけではありません。いろいろな分野で、男性にも女性にも活用していただけるのです。

知性リズムがプラス期は、手紙を書いたり、読書を

では、知的活動とはどういうことをいうのでしょうか。まさか、勉強しなさいとか……?

そうです。勉強こそ知的活動そのものです。しかし、バイオリズムでいう〝知的活動〟はもっともっと広い意味をもっているのです。それは、

「明日のお弁当のおかず、○○が残っているから、○○にしようかしら……」

というような〝思考力〟や、

「あっ、しまった。きのうは結婚記念日だったのに、うっかり忘れてた!」

というような〝記憶力〟それに、

「赤ちゃんの手袋と靴下、どんな色でどんな模様を組み合わせようかな?」

とデザインする〝創造力〟、さらに、

「来月はぜったいに黒字にしてみせる!」

といって、分厚い家計簿を抱く〝推理分析力〟、おまけに、

「ダメ、いまいいところなんだから」

とテレビから離れない〝集中力〟など、これら数々の理性や知性の働きのこともいうのです。

なぜ、産み分けにこれらの理知的な(!?)行動、つまり、知性リズムが影響しないのかというと、生殖という営みが生物の〝生理現象〟だからなのです。生理現象に対して○○力などとあてはめることはできませんから――。

◇知性リズムがプラス期のとき◇

知性リズムの周期がはじまって、2日めから16日めまで。

この期間は、思考力、記憶力、創造力……すべてが冴《さ》えています。

ふだんより判断力や決断力もある時期ですから、こんなときこそ、お姑さんに手紙で近況報告をしたり、出産や出産後のすごし方について知識をふやしたり、創造的な生活を楽しむことが大切です。

また、「いつもより理性があるな」と自分でも感じたら、それはとてもよいことです。

つまり、そのような気持ちになれれば、たとえ身体リズムや感情リズムがマイナス期に入っていて落ち込んでいたとしても、理性で乗りきってしまうことができるのですから。

そして、この時期にも胎教の効果はあがります。集中力がありますから読書をしたり、絵を描いたりするのもいいでしょう。

◇知性リズムが要注意日のとき◇

知性リズムの周期がはじまる最初の日、17日め、18日め、34日め（○印の日）。

これらの日は、もっとも知力が鈍っているときですから、思わぬ失敗やド忘れなども多いものです。くれぐれも、定期検診だけは忘れないよう！

また、物事を冷静に判断できなくて、夫婦げんかをしたり、いつもより怒りっぽくなって子供に当たったり、お姑さんとしっくりこなかったりなど、とくに、トラブルが発生しやすい日なのです。

そして、極端な集中力の欠如も要注意です。頭のなかがモヤモヤしていて集中力がないために、人の話を聞いていなかったり、頼まれていたことを忘れることもあります。どうぞ、この

知性リズムが"要注意日"でも、定期検診だけは忘れずに

時期は〃急がず、あせらず〃を心がけてください。

◇知性リズムがマイナス期のとき◇

知性リズムの周期がはじまって19日めから15日間（30日までの月なら翌月3日まで、31日まである月なら翌月2日まで。また28日までの月、29日までの月もこれに準じます）。

この時期はすべての知的活動が鈍く、しばらく〃休息〃している状態です。

身体リズムのマイナス期のときのように、プラス期に元気に活動できるよう、エネルギーを補充するために休んでいい時期なのです。

「あと少し。もうすぐこの可愛いベビー服ができあがるのよ！」

と、つい夜更かしして編み物に精を出してしまうと、あとでどっと疲れが出て、後悔することになります。

この時期は「時期が時期だから、まだ疲れていないけど、このへんでやめておきましょう」という判断力に欠けているわけです。やはりエ

ネルギーの充電期間と割りきることです。

　無理やり、赤ちゃんの〝情操教育〟のためにと本を読んでも眠くなりやすいですし、また、これからの育児費用を算段するために家計簿とニラメッコしても、きっとニラメッコだけで終わってしまうでしょう。

　むしろ、頭を使わず、掃除をしたり、整理仕事をして、のんびりすればよいのです。そして、考えたり勉強したりすることは、プラス期がくるまでのばしておくことです。


　さて、これまでにお話してきたことをご理解のうえ、バイオリズムがプラス期のときは積極的に、マイナス期のときはそれなりにやや控《ひか》えめに、そして、要注意日はとくに慎重に行動してください。

　そうすれば、家庭は明るく、ポカや事故などもなく、平穏のうちに出産の日を迎えられることをお約束します。

バイオリズムで子育て上手に！

赤ちゃん誕生！3つの要注意日が重なります

生まれたばかりの赤ちゃんは、ご機嫌ナナメです。

なぜでしょう？　それは生まれた瞬間に、その赤ちゃんのバイオリズムがスタートしたからです。

つまり、身体リズム、感情リズム、そして知性リズムのすべてが〝要注意日〟を示しているわけです（100ページ参照）。

人生最初の日だというのに、彼女（彼）は気分がすぐれません。

「オギャー、オギャー」という泣き声は、実に元気いっぱいの第一声というよりも、「助けてー、まぶしい！　息ができない！」と訴えている苦痛の叫びなのかもしれません……。

なにしろ、3つのリズムが同時に〝要注意〟なのですから、それはつらいことです。

私たちでさえ、もしそんな日があったら「今日はあまり無理をするのはやめよう」と、その日一日の行動に気をつけるでしょう。まして、それまではお母さんのバイオリズムのままに成長をつづけていた赤ちゃんが、いま突然、自分のバイオリズムを体感するわけです。おそらく、「ここはどこ？　私は誰？」と、不安でいっぱいのことだと思います。

でも、バイオリズムで産み分けを実践なさったあなたには、赤ちゃんの事情がもうおわかりのことでしょうから、

4章

「大丈夫よ、明日になればプラスに向かうから、気分も少しずつよくなっていくからね」

と、赤ちゃんに声をかけてあげることができるでしょう。

そして、忘れてならないのが、退院してからのことです。赤ちゃんはまたグズりはじめます。身体リズム、感情リズム、知性リズムがプラス期からマイナス期へと移る〃要注意日〃がつぎつぎと赤ちゃんの身の上にやってくるからです。

生まれてから12日めには身体リズム、15日めには感情リズム、17日めには知性リズムのそれぞれ2回めの〃要注意日〃がやってきます。お母さんにとっても、赤ちゃんを産んでから2週間後ぐらいは、産後の疲れがどっと出てくるようですが、赤ちゃんにとっても、たいへん具合の悪い時期なのです。

夜泣きをして、お乳をあげてもなかなかうまく飲んでくれず、お母さんのほうは寝不足になるし、赤ちゃんにしてみれば、(おそらく)わけもわからず調子が悪い、ということも起きるかもしれません。

退院の喜びと同時に、1日に何回もおむつを代えたり、お乳をあげたり、そのうえ家族みんなの食事を心配したりと、お母さんは大忙しです。さっそく疲労の固まりのようになってしまいます。——でも、赤ちゃんのバイオリズムのことは気にかけていてほしいのです。

赤ちゃんにも自分のバイオリズムがあり、規則的にリズムを刻んでいます。ただ、まだ自分で好調・不調をコントロールすることはできません。お母さんや家族のみんなが気をつけてあげなければならないのです。

うっかり忘れていたために、身体リズムが要注意日なのに、お宮参りや実家に連れて行って、風邪をひかせてしまったというような例を私はいくつも知っています。赤ちゃんのためにしたことがかえって悪い結果を生んでしまったのです。これではなんにもなりません。

赤ちゃんのバイオリズムを把握していれば、夜泣きがなかなか止まらなかったり、すぐに寝つかなかったり、おっぱいを飲んでくれなかっ

誕生直後は、グズったり、調子が悪くてもあたりまえ

たりしたときも、
「ああ、今日は彼女の要注意日だったわ」とか、「昨日からマイナス期に入っていたんだわ」
ということがわかりますから、そのつもりで育児の方法を考えることもできるのです。

子供の要注意日への対処法

私は子供を叱るのにもタイミングが大切だと思います。もちろん、子供のバイオリズムのタイミングに合わせるということです。

いくら叱っても効果がない日があります。そんなときは、決まって子供のバイオリズムが要注意日だったりするのです。

妻と私が、長男や長女の子育てに一生懸命のころ、経験したことです。

子供たちがわがままをいって親を困らせるようなとき、彼らのバイオリズムはかならずといっていいほど、要注意日や準要注意日に当たっていたのです。つまり、そんなときですから、いくら叱ってもいうことをきかず、反抗するの

はしかたのないことともいえるのです。

そのようなとき私は、

「今日はこのくらいにしておこうよ。もう少し日がたってから、いいきかせることにしよう」

といって妻の同意を得て、後日、子供のバイオリズム・カレンダーを見て、今日は大丈夫かな？　と思われる日に、

「お父さん、あのときどうして叱ったんだと思う？」

ときいてみるのです。子供は小さなハートで考えます。そして、チョッピリでも自分が悪かったんだなと反省すればしめたものです。

このように、バイオリズムは子育てにも大いに活用できるのです。それは叱るときばかりではありません。子供のバイオリズムを知っていれば、いろいろな事故や病気を予防することもできます。

たとえば、身体リズムが要注意日やマイナス期にある日なら、公園などで遊んでいるときは、とくに注意して見ていてあげればよいのです。ブランコから落ちたり、三輪車が倒れたりなどということような事故が起こらないとも限りません。

そしてまた、熱を出したり、風邪をひいたりというのも、こういう時期に起こることが多いのです。

私は、まだ子供たちが小さいころ、たんすに家族みんなのバイオリズム・カレンダーを貼っていました。そして、子供が熱を出したりすると、その日の子供のバイオリズムがどうなっているかをまず確かめました。

そして、要注意日だったりすると、よほどひどくない限り病院へ急ぐようなことはしませんでした。しばらく様子を見るようにしていたのです。こういうとき、やはり子供の熱は１日か２日で下がり、もとの元気な状態に戻っていました。

また、家族で旅行に出るときなども、まず全員のバイオリズムを調べます。なるべく、みんなのバイオリズムが好調な時期を選んでスケジュールを立てていたのです。要注意日と重なる者がいると、できればつぎのチャンスを見つけてと……。

子供のバイオリズムによって、叱り方にもコツがある

ところで、いま、あなたが赤ちゃんを産んだばかりのお母さんなら、

「毎日が眠気との戦い！　なんとかして！」

と叫びたい気持ちでしょう。

そこで解決策。赤ちゃんの夜泣きやグズリの原因は、バイオリズムが要注意日に当たっているせいかもしれないので、あらかじめ赤ちゃんの要注意日をチェックしておくのです。そして、その日はあなたも赤ちゃんといっしょにグッスリお昼寝をしておくのです。

「これで今夜は大丈夫！」

赤ちゃんのバイオリズムを知っていれば、あなたの寝不足も解消されることでしょう！

子供のバイオリズムをつかんで無理のないしつけと健康管理

私と妻は、結婚してから6年間共働きをつづけました。妻が仕事をやめたのは、2番めの子供を産む2カ月前のことでした。

結婚した当時は、共働きは1年間という約束だったのですが、結局6年もつづいてしまった

のです。そのあいだに長男が生まれたので、家事と仕事、それに育児の3つを両立させ、朝から晩まで休む間もないほど忙しかったのです。

そんな毎日の繰り返しのなかで、妻がノイローゼにもならず、子供の健康管理やしつけをきちんとこなすことができたのは、家族みんなのバイオリズムをよく知って、それを上手に活用してきたからだと思います。当時、私は趣味の域を超えるほどバイオリズムの研究に熱中していて、育児や家事は妻にまかせっきりだったのです。

妻は、自分自身のバイオリズムで心身の健康を守るばかりでなく、とくに育児に関しては、子供のバイオリズムをじゅうぶん把握して、無理のないしつけと健康を保つよう心がけていたのです。

幸いに実家の母の助けもあり、その点は恵まれていたのですが、長男が5歳のころまで仕事をしていた彼女は、かなり積極的に長男のバイオリズムを活用していたようでした。

それではつぎに、バイオリズムが育児にどのように活用できるのか、妻が実践してきたことなども思い出しながら、リズムごとに話しましょう。

身体リズムがマイナスのときはゆっくり休ませましょう

「うちの子はホントにいい子で、よく眠るんですよ」

身体リズムがマイナス期のとき、赤ちゃんはスヤスヤとよく眠ります。体の休息をとり、体力を蓄《たくわ》えてもいるのですが、バイオリズムの診断でいうと、赤ちゃんは疲れていて元気がないからよく寝ているのです。

ですから、「もうだいぶ寝てるから起こしてしまおうか」と、大人の勝手で、無理に起こしたりしないことです。ゆっくり休ませてあげてください。そして、こういうときは、お母さんもいっしょに休んでしまうのがいちばんです。

いっぽう、要注意日の赤ちゃんはグズったり、夜泣きしたりして、なかなか寝てくれません。

ですから、昼間の外出はなるべく避けて、夜まで赤ちゃんを興奮させないことです。

また、発熱したり、風邪をひきやすいのもこの時期ですから、肌着や寝具、部屋の温度などによく注意してください。それは幼児の場合もおなじことです。

なお、プラス期は赤ちゃんの体調は好調期ですから、実家に連れて行ったり、お宮参りをしたり、ハイハイやたっちなどの練習をするのもよいでしょう。

感情リズムがマイナスのときは、とくに抱っこでスキンシップ！

ベビー・ベッドのなかをのぞいたとき、赤ちゃんがニコニコしていたりすると他人でもなんだかうれしくなりませんか？　いま、赤ちゃんは感情リズムがプラス期で、たいへんご機嫌なのです。

ところで、ご機嫌だからといって、かまいすぎはいけません。手足の屈伸など、一気に運動をさせたりしたら、ご機嫌だった赤ちゃんもグッタリして夜は最悪となってしまいます。まして、身体リズムがマイナスの時期だったりしたら、熱でも出しかねません。くれぐれも、〈泣かないでニッコリしているから〉といって遊ばせすぎないことです。

さて反対に、いくらあやしても赤ちゃんは笑ってくれなくてグズってばかりいたり、寝ついたかなと安心していると体を左右に揺すって落ち着かなかったり……。そうです。不機嫌の原因は、バイオリズムがマイナス期に入ったからです。

こんなときは、赤ちゃんをベッドから出して、しばらく抱いていてあげるといいでしょう。お母さんの胸のなかで、赤ちゃんはゆったりと落ち着いて眠りにつくことと思います。抱きぐせが心配とおっしゃる方がいるかもしれませんが、そのときの赤ちゃんの不快な気分を考えれば、抱っこしてあげるほうがよっぽどいいことなのです。

そして要注意日、赤ちゃんは最低の気分。とてもイライラしています。目をつぶったなと思って、そっと離れようとすると、またグズグズ

生後半年から、知性リズムを意識して"しつけ"を

しはじめます。なかなか落ち着かず、本人もつらそうです。ミルクをあげても、おむつを取り替えてもスッキリしないようならば、やはり抱いてあげたほうがよいようです。お母さん（お父さんも！）がじっくり付き合ってあげることです。

知性リズムがプラスのときは知識吸収のチャンスです

赤ちゃんと知性リズムの関係でまず頭に浮かぶのが、〈おしゃべりができるようになること〉です。とはいっても、生まれたばかりの赤ちゃんに、知性リズムはあまり影響がないようです。

言葉を覚えさせたりしてその効果が現われてくるのは、6カ月から10カ月ぐらいたってハイハイができるようになったころからです。毎日の生活のなかで自然に耳に入ってきて覚える言葉がたくさんあります。

たとえば、朝、目が覚めたら赤ちゃんに「○○ちゃん、おはよう！」と声をかけてあげる。ぬれたおむつを替えるときは「クサイ、クサイ」といったり、食事のときにかならず「いただき

ます」「ごちそうさま」というのを聞かせたりしていると、赤ちゃんは言葉を自然に覚えていきます。そうしてだんだん、お箸《はし》やスプーンを持たせたり、オシッコをしたくなったら教えるようにしていくわけです。

しかし、マイナス期に入ると、小さな頭で一生懸命がんばっても、なかなか覚えられません。

無理をすれば、イライラし、ストレスがたまり、その夜はムズかっていつまでも寝つかず、また熱を出したりもしかねません。くれぐれも、マイナス期には〝教育ママ〟になりすぎないように！

終章

男女産み分けなんでもQ&A

Q1

バイオリズム・カレンダーの「産み分け可能日」と、私の排卵予想日とが一致する日がありません。産み分けは不可能ですか。高齢なのであまり時間がないのですが……？

A1

方法はふたつあります。ひとつは、バイオリズム・カレンダーをあと半年分つくってみることです。今度は一致する日があるかもしれません。そしてもうひとつの方法は、時間にそれほど余裕がないということなので、産み分けの理想日とはいえないかもしれませんが、女の子か男の子かどちらつかずの日（身体リズムと感情リズムの両方がプラス、またはマイナスの時期）に排卵日がくる場合がありますから、その時期に「実行」します。

そして、この場合は、《ステップ❷》の食事の管理と《ステップ❸》のセックスの方法を念入りに行なってください。

ちなみに生理日をズラす薬もありますが、私はあまりその方法はおすすめしていません。

Q2

月経周期が不規則で40日周期だったり、ときには、20日周期だったりするのですが、こんな私でも産み分けはできるでしょうか？

A2

月経周期が安定しているほうが男女産み分けは成功しやすいのですが、ズレていてもそれほど悲観することはありません。生理がはじまってから何日後に排卵日がくるか把握できるように努力してください。

『スリーステップ方式』による男女の産み分けは、バイオリズムが示す「産み分け可能日」のときに実行していれば、それだけでも可能性は高まるのですから、安心してチャレンジしてみてください。なお、このような方は、できるだけ長く（6カ月〜1年）基礎体温をつけて、排卵日の予想を立てやすくすることが大切です。

Q3 精神的にショックを受けたりすると生理日が狂ってしまいますが、そういうとき、バイオリズムの周期も変わるのでしょうか？

A3 バイオリズムの周期は、76ページにもあるように、過酷な状況や特別な状況下においては、一時的に影響を受けることがありますが、通常の状態に戻れば、バイオリズムの周期ももとに戻ります。ですから、精神的に落ち着いた時期に入ったら、ふたたび基礎体温をつけるなどして、産み分けのための準備をはじめてください。

Q4 私も夫も、食べ物の好き嫌いが激しいのですが、産み分けはできるでしょうか。また、お酒やタバコの量も多いのですが……？

A4 食べ物の好き嫌いが激しいというのは、《ステップ❷》の食事の管理に関係してきます。ただし、好き嫌いが激しくても、産み分けはできます。そのかわり、産み分け実行日10日前からは、がんばって指導どおりの食事をとることが望ましいのです。

そして、ご主人が外食をすることが多いというような場合は、せめて奥様のほうだけでも10日間は努力してください。

とはいえ、食事管理は、自分のできる範囲で実施すればよいのです。第2章の106ページや、第3章の132、139ページにもありますが、食事の管理は「やらないよりやったほうがいい」ぐらいに思ってください。

たとえば、お肉の嫌いな人に、10日間毎日お肉をたくさん食べなさいといっているのではありません。せめて、1日おきぐらいにはということなのです。また、酸性食品やアルカリ性食品についても、それだけを食べなさいといっているのではなく、なるべく「そちら向きの食事」をとるように、心がけてほしいということなのです。

つまり、109~110ページの食品群でいえば、赤い文字で表記した食品を中心にとっていれば、とくに問題はありません。たとえばお肉が嫌いでも、食品群を見ればおわかりのように、酸性食品はほかにもたくさんありますので、それらで補えばよいのです。それは、野菜嫌いの場合もおなじです。アルカリ性食品には、わかめや昆布もありますから。

また、お酒やタバコについては「やめなさい」とはいいませんが、ふだんより量を減らすことを心がけてください。これについては、「やめろ」といいますと、そのほうが被害が大きい場合があるのです。

というのは、イライラしたり、夫婦げんかをしたりして、かえって本来の産み分けに悪影響を及ぼしてしまうこともあるからです。

ただし、赤ちゃんができたことがわかったときには、生まれるまではぜひやめましょう。

Q5 主人の母と同居しています。産み分けをすることは話していないので、食事のとき、ふだんよりメニューが増えて変に思うかなと気になります。何かよい方法はありますか?

A5 お姑さんや実のお母さんにもおっしゃらずに、夫婦だけで承知して実行しているケースはよくあります。また、食事の時間がおなじという家族も多いようです。そういう場合、たとえばいくつかお料理をつくって、「今日、初めてこんなメニューをつくってみたのよ」などとさらりといって、さりげなくテーブルにのせてしまうのです。

酸性やアルカリ性の食品をとくに意識してつくったメニューも、どちらかいっぽうの食品ばかりを調理したものにかたよらないようにし、両方出しておくわけです。もしくは、食事の時間をお母さんとズラすとか。いずれにしても、それほど心配することはないと思いますが……。

Q6 自分でバイオリズム・カレンダーをつくってみました。「産み分け可能日」を書き入れたいのですが、正確に何日から何日までを記入したらよいのかわかりません。

A6 97～99ページのグラフを見てください。波線が基線と交わる位置に○印（要注意日）がついています。身体リズム（黒線）と感情リズム（赤線）の二種類の波線が描かれています。ご承知のように、感情リズムがプラスの区域にあり、身体リズムがマイナスの区域にある場合は、女の子の産み分け可能日になります。

ご質問の意味は、このように、両方のリズムがそれぞれ両極にある期間（つまり、産み分け可能日）の、どこからどこまでを記入したらいいのかということですね。

それは、両方のリズムが両極にある期間のうち、「最初にくる○印の日（要注意日）のつぎの日から、そのつぎにくる○印（要注意日）の前の日まで」が「産み分け可能日」となります。要注意日ははずしていますから、まちがえないようにしてください。たとえば、同ページのグラフでは、地がピンクの期間が女の子、地がグレーの期間が男の子の「産み分け可能日」となります。

Q7 主人の仕事で海外勤務があるかもしれないのですが、バイオリズムによる産み分け法は、世界的に行なわれているのですか？

A7 はい。男女産み分けはシェトルズ博士の研究で科学的なものになり、現在アメリカ、ドイツ、オーストリア、フランスなどで実施されています。

Q8 『スリーステップ方式』の成功率が、100パーセントとまではいかないにしても、80パーセントと控《ひか》えめのようですが、成功の妨げになっている原因は、どのようなことが多いのですか？

A8 産み分けに失敗した原因のトップにあげられるのが、「産み分け可能日」と排卵予想日の一致する日がかなり先で、待ちきれずに「もういいや」と見切り発車してしまい、結局、希望どおりいかなかったというケースです。

つぎは「排卵日がズレている」のが把握できていなかったために失敗したというケース。女の子が受胎できるように、排卵日2日前のつもりでセックスを工夫したが、実は排卵日だった（もうおわかりのように、排卵日当日は女の子の産み分けの成功率が下がる）、などという例はよくあります。

基礎体温をつけて、排卵日の予想をつけていたとはいえ、女性の体はデリケートです。なにかの理由で生理が狂ってしまっていることもあります。

めんどうでも、排卵日のくる期日はしっかりと把握しておきましょう。

そして3番めの理由が、「ご主人の協力をあまり得られなかった」というケースです。奥様ひとりだけでは、ご主人の「禁欲」も定かではありませんし、そういう意味からも、産み分けは、ご主人と仲良くしていただかなければうまくいかないこともあるわけです。

Q9 せっかくのチャンス日だというのに、私は子育て（上の子がまだ1歳）で疲れていて、夫は風邪をひいてしまい、ふたりとも体調最悪。それでも実行しましたが大丈夫でしょうか？

A9 この質問に対しての答は、「大丈夫です」とまずいっておきましょう。

しかし、産み分けをしようと計画をしているのに、子育てに疲れているとか、風邪をひいてしまったなどというのも困りものです。むしろ、そうならないように、産み分け実行日10日前になったら、夫婦が協力しあって、食事の管理とともに体調もととのえて、心身共に健康な状態で実行日を迎えられるよう努力してください。

それでも、かんじんの、男女の性別を決める精子をもっているご主人が風邪をひいたり、体調をくずしてしまったりしたら、できるだけ薬は飲まずに、じゅうぶんな睡眠や栄養をとって治しましょう。精子への影響が直接なくても、薬や注射が体にいいわけはありませんから。

Q10 「産み分け実行予定日」に、実家の両親が遊びにくるというんです。なにかよい方法はないでしょうか？

A10 その日は都合が悪いから、来ないでくださいといえれば、それがいちばん。なにか理由をつけないと断わりにくいようなら、その日は映画に行くのでとか、明るくいってしまうことです。また、もしおばあちゃんに留守番を頼めるようなら、子供をおばあちゃんに見てもらって、久しぶりにホテルなどへ行ってみては？　私が指導していた方のなかにも、新婚気分がもどって大成功したという例もあります。

Q11

私はまだ独身ですが、将来結婚したら、男の子と女の子をひとりずつほしいという理想があります。産み分け成功率は男女それぞれどれくらいなのでしょうか？

A11

産み分けに成功した男女比の差はほとんどありません。これまで私の指導のもと、『スリーステップ方式』により産み分けを実行し、成功したのは、男の子が81パーセント、女の子が79パーセントです。本書で私がいっている「産み分け成功率80パーセント」というのは、これを平均したものです。

Q12

北海道に住んでいます。先生のことを雑誌で知り、産み分けを実践したいのですが、内診などで先生のところにうかがうのでしょうか。また費用など、詳しく教えてください。

A12

来られる必要はありません。直接指導する場合は、私のほうから『産み分け指導の申込書』をお送りしますので、必要項目を記入のうえ、返送していただきます。それを参考にして、「産み分け可能日」の印を書き入れたあなたのバイオリズム・カレンダーをつくって、お送りいたします。そのほかには、《ステップ❷》、《ステップ❸》の食事の管理やセックスの方法についての説明書をさしあげております。費用は、指導料および資料代、あわせて1万5000円（消費税込み）ですが、さきに、申込書をお取り寄せください（巻末参照）。

Q13 三姉妹の家庭に生まれ、私の母も4人姉妹の末っ子です。現在私にはふたりの娘がいます。女系家族の私が、産み分けで男の子をと思うのは無理なことでしょうか？

A13 女系家族に生まれたからといって、そんなに悲観しないでください。男の子を授かる可能性はじゅうぶんあります。子供の性別は、女性よりもむしろ男性のほうが決定する要因をもっているからです。

男女の性別を決めるのは精子です。そして、男性のなかには、男性因子をもった精子の数が多い人と、少ない人がいるのです。もともとゼロという人はいないのですが、少ない人はたしかにいます。

一般的に、精液のなかで男性因子をもつ精子の数は、女性因子をもつ精子の数の約2倍あります。しかし、まれに、その数が同数ぐらいの人がいるのです。同数ということは、ふつうの人にくらべて半分ということになるのですから、少ないといえるかもしれません。たまたま、ご主人に男性因子をもつ精子の数が少ないと、男の子の産み分けの可能性が少なくなるわけです。しかしゼロではありません。

したがって、バイオリズムの『スリーステップ方式』をきちんと守って実践していただければ、男の子を産み分ける可能性はじゅうぶんにあるのです。つまり、奥様のバイオリズム、そしてセックスのタイミングなどをよく守って実

終章

行すれば、成功率は上昇します。

ですから、ご質問の「私が女系家族で……」という女性側の心配はまったくありません（卵子は、男女の性別を決める因子をもっていません）。気にしないでがんばってみてください。（注・31、106ページの性染色体の項を参照）

Q14 結婚して1年たちますが、初めての子供を「産み分け」で、と主人と話しています。初めての子供でも、産み分けはできますか？

A14 もちろん、初めての子供でも、そして何番めの子供でも産み分けはできます。最近は、子供は2〜3人ぐらいがいいというご夫婦が増えていますが（私もそうですが）、最初から どうしても女の子（または男の子）がほしいと思うなら、最初から女の子（または男の子）が生まれるように『スリーステップ方式』で努力すればいいのです。悪くても、2回のうち1回は成功する可能性が高いと思うからです。

また、結婚後5〜6年たってから、初めて子供を産むという場合も、なにも心配はいりません。1年でも6年でも条件はおなじ。たとえ避妊をしていたからといって、とくに注意することはありません。排卵日をしっかりつかみ、ご主人の理解も得て、ご夫婦そろってチャレンジしてみてください。

Q15 中垣先生の「バイオリズムによる産み分け法」なら、薬を飲んだり、通院したりしなくてよいと友人から聞いたのですが、ほんとうですか？

A15

ほんとうです。私は、お手紙またはお電話にて、指導を行なっています。したがって、薬を飲むことも、もちろん通院することもありません。いながらにして、いってみれば、通信教育的な方法で行なっています。そのかわり、私の指導どおりに実践しているかどうか、しっかりやっているかどうか、細かいチェック(注意)を誰もしてくれませんから、本気で行なう固い決意・意思をもつことを期待します。

本人の「やる気」――それが大切なのです。

Q16

○月○日に女の子(または男の子)を産みたい、ということはできますか。中垣先生の場合、ふたりのお子さんのお誕生日がおなじとうかがったのですが?

A16

それはちょっと無理です。一般的に「産み分け実行日」は年に数回しかなく、その時期にうまく受胎できるかどうかのほうが大事なわけですから、そこまでは欲ばらないでください。ただ、時期的に春がいいとか、夏がいいとかということならば、バイオリズム・カレンダーを、その時期を真ん中にして前後3カ月分つくってみるのもいいでしょう。可能性は少しあります。

それから、私の場合は、ふたりの子供の誕生日までおなじになるようにと計画したわけではありません。たまたまおなじ日に生まれたという、まったくの偶然です。それよりも、女の子か男の子かという性別のほうが大事ですから、本来の目的に向かって、一生懸命がんばってください。

Q17

すでに男の子が3人、女の子がふたりいます。もうひとり女の子がほ

しいと思っているんですが、産み分けはできますか？

A17 できます。むしろ、このような方は、産み分けの成功率が高いといえます。男の子ばかり3人を産んだというわけではなく、女の子も男の子も、両方の性別の子供を出産しているのですから。また、3000人以上の方の指導をしてきた私の経験から見ても、バイオリズムによる産み分けもしやすいといえるでしょう。

Q18 中垣先生が「男女産み分け」指導で使っているバイオリズム・シールを購入したいのですが、市販していますか？

A18 市販はしていません。なお、バイオリズム・シールの件を含め、産み分け指導についてのご質問は、左ページの『バイオリズム研究所』の住所宛に、80円切手を貼った返信用封筒を同封のうえ、おたずねください。

Q19 夫も、自分のバイオリズムを知りたいといっています。計算方法は、私の場合とおなじですか？

A19 どなたでもまったくおなじです。ただし、生年月日が正しいかどうか、たしかめてください。戸籍上の生年月日と実際の生年月日がちがっていたら、バイオリズムが正確なものではなくなるからです。

またバイオリズムは、テニス、ゴルフなどのスポーツでのコンディション、運転や職場での安全、人間関係（相性占い）など、いろいろな場面で利用できます。産み分け以外の事でもどうぞお問い合わせください。

Q20 私は中垣先生から直接指導を受けたいと思っております。また、妹や友人にも先生の「産み分け法」のことを教えてあげようと思っています。どうすればよいですか?

A20 まず、この本をすすめてください。それから、直接相談なさりたい方は、下記の『バイオリズム研究所』宛にお問い合わせください。また、ご自分で計算してバイオリズム・カレンダーをつくってみたけれど、正しいかどうか心配、という方も同様に、お気軽にお問い合わせください。

なお、お問い合わせ方法は、前述のとおり80円切手を貼った返信用封筒を同封のうえ、お願いいたします。左記のホームページをご覧のうえ、Eメールでお寄せくださっても結構です。

●本書の内容に関するお問い合わせ先

〒243-0405　神奈川県海老名市国分南2-31-8
バイオリズム研究所　　中垣　勝裕
URL http://www4.ctktv.ne.jp/~nakagaki
(注) アドレスの中での「~」(チルド) は、Shift キーを押しながら、「へ」キーで変換できます。
E-mail nakagaki@a4.ctktv.ne.jp

バイオリズムだから安全《あんぜん》で確実《かくじつ》!

女《おんな》の子《こ》を産《う》める本《ほん》

著　者	中垣 勝裕
発行所	株式会社 二見書房 東京都千代田区神田神保町1-5-10 電話 03(3219)2311［営業］ 　　03(3219)2315［編集］ 振替 00170-4-2639
編　集	有限会社 フレックスタイム
印　刷	図書印刷株式会社
製　本	株式会社 村上製本

落丁・乱丁本はお取り替えいたします。 定価は、カバーに表示してあります。

© Katsuhiro Nakagaki 2003, Printed in Japan.

ISBN978-4-576-03014-2
http://www.futami.co.jp

二見書房の既刊本

脳を育てる親子あそび集
0歳からの「育脳ゲーム」
赤ちゃんがよろこぶ親子あそび60
ジャッキー・シルバーグ／ドロシー・エイノン 著　村井理子 訳
人間の知的能力は、4歳までに決定する！脳の神経回路は、生後4年間の「外部からの刺激」によってつくられます。それぞれに付く研究結果や豆知識も楽しく役立ちます。

絶対に後悔したくないあなたへ
30歳からのわがまま出産
井上裕美／福本由美子／井本園江 著
30歳からも十分に自然出産できる！　赤ちゃんを育てながらゆっくり母親になれば大丈夫！　夫にも姑にも病院にも会社にもあなたの「わがまま」を通して大満足できる妊娠と出産のすべてを紹介。

はじめての出産でも安心！
妊娠セラピー
スーザン・マギー／カーラ・ナキスベンド博士 著
妊娠から出産までの二八〇日間を毎日カウントダウンしながら、医師のアドバイスや経験者の体験談など、実用情報満載の画期的出産本！

二見書房の既刊本

頭のよさは幼稚園までに決まる
0歳からの脳トレーニング
国分義行／稲垣武 著
新生児の脳を育てる視覚・聴覚トレーニングから3歳児の右脳開発遊び、知能を高める絵本の与え方まで、50の脳トレーニング！　小児医学の権威が開発した0～3歳時の画期的な育児法。

赤ちゃんの脳をグングン育てる50の知恵
頭のいい赤ちゃんができる本
野末源一／稲垣武 著
大脳生理学や医学、遺伝学、動物行動学の最新研究成果をふまえ、あたまのいい子に育つ可能性が強い受胎時期、胎児から3歳児までの健脳法について、50の知恵を紹介。

育児は胎児のときから始まります。
胎児からのメッセージ
元・愛育病院小児科部長／日本小児保健学会会員／医学博士　高橋悦二郎 著
赤ちゃんは胎内で何を訴えている？　胎児がもっている素晴らしい能力を知ってこそ、お母さんと赤ちゃんの深いきずなが生まれます。

二見書房の既刊本

最先端「脳」科学を「子育て」に活かそう
音読と計算で子供の脳は育つ
川島隆太／川島英子 著
最先端の脳科学研究で著名な川島教授が、夫人とともに4人の子供たちを育てるなかで確認した、子供の脳を育て学力を伸ばすハウツー・エッセイ。

体脂肪を燃やし、確実にやせる！
体脂肪を燃やす　大学ダイエット講義
漆原光徳 著
四国学院大学の正規の授業として実際に行ってきた講義スケジュールで、受講学生全員が目標の「体重・体脂肪率減少」に成功！　しっかり食べて無理なく確実にやせる3ヵ月（12週）の科学的ダイエット。

日本で初めての冷え性撃退バイブル
冷え性治してキレイにやせる
全国冷え性研究所 所長　山口勝利 著
美容の大敵「セルライト」は冷え性がつくりだしていた！　冷え性が治ると下半身がやせる！　便秘症、生理痛から解放された！　など、この一冊でキレイにやせて悩みも解消。冷え性チェックシートつき。